U0750033

甬商

新甬商人物传记丛书

曹云◎主编

旦门，那一缕阳光

吴寿国·创业风云传

佳利集团

李沿 叶敏◎著

RENWU ZHUANJI CONGSHU

XIN YONGSHANG

浙江工商大学出版社

图书在版编目(CIP)数据

旦门那一缕阳光：佳利集团吴寿国创业风云传 / 李沿,叶敏著. —杭州:浙江工商大学出版社,2013.1
(新甬商人物传记丛书 / 曹云主编)

ISBN 978-7-81140-691-7

Ⅰ.①旦… Ⅱ.①李…②叶… Ⅲ.①吴寿国–传记 Ⅳ.①K825.38

中国版本图书馆 CIP 数据核字(2013)第 012481 号

旦门,那一缕阳光:佳利集团吴寿国创业风云传

李 沿 叶 敏著

责任编辑	许 静
封面设计	王妤驰
责任印制	汪 俊
出版发行	浙江工商大学出版社
	(杭州市教工路 198 号 邮政编码 310012)
	(E-mail:zjgsupress@163.com)
	(网址:http://www.zjgsupress.com)
	电话:0571-88904980,88831806(传真)
排 版	杭州朝曦图文设计有限公司
印 刷	杭州杭新印务有限公司
开 本	710mm×1000mm 1/16
印 张	67
字 数	1167 千
版 印 次	2013 年 1 月第 1 版 2013 年 1 月第 1 次印刷
书 号	ISBN 978-7-81140-691-7
定 价	188.00 元(共 6 册)

目 录
CONTENTS

目 录
CONTENTS

他,时代的代言者

为"新甬商人物传记丛书"作序,甚为感慨。一个时代,总有一个时代的精英,一个时代,总有一个时代的精神。在宁波,我看到了这样一个群体的精英,也看到了这样一种蓬勃的精神。

改革开放为新的宁波商业群体,打开了广袤的市场,精明善贾的宁波商人开始把握时机,创新突围。这两种潜质在今天仍然成为宁波新的商帮最为优秀的品质。我们在下海的大潮中,看到了宁波商人独有的勇气和智慧,从学生到军人,从普通职工到厂长,从厂长到公职人员,纷纷开始抛弃"铁饭碗",从零资产、负资产做起,搬运工、技术工、水果贩等等,都义无反顾的开始走上创业之路。

他们,一直领跑在市场的前沿。

宁波历来是商业文明的发祥地。闻名全球的宁波帮在世界经济史上大放异彩。董浩云、包玉刚、邵逸夫等一大批声振寰宇的名字,都成为宁波乃至所有企业家学习的楷模,他们的精神至今仍激励和鼓舞着一代代创业者梦想的脚步。

宁波也是中国民营经济最为发达的地区之一。在宁波,有一大批在国内各个行业都可以成为翘楚的企业和企业家,他们有的已成为中国某个产业的领军者和先行者,有的默默地成为某个行业的隐形冠军。在建筑行业,在小家电行业,在机械电机行业,在新兴产业,他们都以自己独特的方式,创造财富、尊重财富并利用财富价值。

宁波是一个有着这种创业激情的土壤的地方,这里不仅风景优美,善于养人,更为生于斯长于斯的人民赋予了一种灵秀之气,让他们善于谋变,善于把握机遇,善于开拓,并形成了一种浓郁的商业气候。正是因为有了这种商业气候,宁波的历史上才会出现不断辉煌的宁波商帮。

改革开放 30 多年来,这些第一代的创业家思进思变,通过自己的努力,不断实现产业升级和转型，创造了丰盈而和谐的财富价值。如今，"创二代"开始活跃，他们用自己的勤劳、智慧在国际国内市场上叱咤风云，他们创业创新，立足草根，放眼全球市场，崇尚责任，塑造企业品格，"宁波智造"开始引领现代企业创新潮流。

我希望，这些案例，作为一堂生动的教案，能够为宁波 12 万家民营主体，指明前行的方向。

二〇一二年八月

总序作者为宁波市甬商发展研究会会长。

那一缕阳光照耀着谁

记得曾经在哪本书的前言中看到过这样一句话："靠勤劳和智慧创造财富的企业家是令人尊敬的！他们为社会创造财富，也带动更多的人一起创造财富，一起走向富裕。他们是时代发展的推动者，应当值得我们尊敬。"

贫富差距在各个时代始终都客观存在。但在今天，在一个仇富嫉富不平衡心理肆意蔓延的时代，如何来沉淀这种浮躁，需要精神的力量来沉淀。

就个体而言，没有人生来就是富足的；亦没有人生来就让人尊敬。人格魅力的塑造，需要生活点滴的积累，需要时代的历练，需要各种眼光的审视，需要社会的认同。诚然一本书能够深度挖掘一个人成长给现实社会带来的一些启迪，哪怕是一点点，也都是有它存在的价值。

本书的主人公吴寿国，有着浙江佳利投资集团有限公司董事长和宁波市象山县东陈乡旦门村党支部书记双重身份。

他是大海的儿子，他的故乡我十分熟悉，靠山面海，是一个能最先看到第一缕阳光升起的地方。他的成长有着深刻的时代烙印。

他出生在国民党伪保长的后裔家庭，外公的这一身份，让他一出生就经受了那个唯身份论时代的深重痛苦和心灵的迷惑以至背上精神桎梏，感受命运的残酷！然而他却承袭了父母的坚毅和勤劳。为此失去求学机会的他，没有向命运低头，始终坚信能够拨得云开见日出。

他是改革开放后的第一拨弄潮儿。一个创立第一家乡办企业，扎根故乡，引领企业一步步走向发展壮大的创业者。

他是挑起旦门村，这个曾经是县级贫困村党支部书记的成功企业家。短短几年，他和他的村民们把一个市级贫困村变成了"市级小康示范村"和"象山县美丽村庄"。

在父母眼里，他是一个从小就有着担当的长子，让他们骄傲的好儿子。

在孩子眼里，他是严父，一个令人尊敬，敬佩的身体力行的榜样。

在弟弟眼里，他是一个肚量大，能吃苦，生活节俭的人，甚至于有些事让人不能完全理解，但却是令人由衷佩服的大哥。

在朋友眼里，他是靠勤劳和诚信一步步走出来的成功企业家和令人尊敬的村官，吴寿国的企业不是一流的，但人品却是一流的，让人敬重。

能够赢得人们尊敬的企业家是让人肃然起敬的。更何况是对家乡怀着如此深厚情感的赤子之心，在成功以后勇挑发展故乡重担的村党支部书记，更加令人肃然起敬。他是一位令人敬佩的企业家，也是一名德高望重的村官，员工眼里的掌舵人，村民眼里的领头雁。

他的父母虽然已经住进别墅，但却依旧过着节俭的生活，在院子一角搭建了一个简易厨房，烧柴火做饭，改不掉一辈子节俭的习惯。一如吴寿国改变不了一定要有一番作为，一定要改变村庄旧模样的年轻梦想。

在旦门村有一棵古老的樟树，历经岁月的风风雨雨，仍一年年枝繁叶茂，苍翠清新，生机蓬勃，在轮回里守望着脚下的这方土地，年年生生不息。"为什么我的眼里常含泪水，因为我对这土地爱得深沉！"这是吴寿国心里记得最牢的一句话。就在那第一缕阳光升起的地方，在那靠山面海的故乡，他愿与那棵枝繁叶茂的老樟树并肩，一年年枝繁叶茂，一年年守望家乡的日新月异。

他是众多成功企业家的代表，也是无数个爱乡人的缩影，曲折的人生路，执着的梦想家。人们总是羡慕成功者的光环，而从不看跋涉者的艰辛。那些"脚印"和"脚印"背后的故事，所背负的是常人难以想像的"沉重"，所经历的是常人难以经受的"磨难"。"卑鄙是卑鄙者的通行证，高尚是高尚者的墓志铭"，谁都会在身后留下一些印记，诚如吴寿国这个人！

我对吴寿国原来一直就熟悉，但多因工作原因，心灵层面的了解不多。但从港洲先生给我的这本书稿中更多更深地了解了他。作为同时从象山农村走出来的穷孩子，我理解他的执着和坚韧！我想，此时能静心看完这本书的读者，一定会与我有相似的感受：从吴寿国身上能获得一种像太阳一样积极向上的力量。

是为序。

张松才

二〇一二年九月

本序作者为中共宁波市委宣传部常务副部长。

楔 子

写一个人,走进一个人,是对他一生的回望,仿佛又从出生开始成长了一遍,回望从旧时代精神桎梏的压抑到改革开放新时代的天高任鸟飞,从艰难困苦的旧日子里走向欣欣向荣的新日子,从自我的追求到共富的愿望,这一路的成长都深深镌刻着吴寿国所在时代的烙印。而源自《周易》,沿用至今,作为清华校训的"自强不息,厚德载物"八个字,却恰好也是吴寿国历经幻变的时代和鲜活苦难辛酸里一步步走来的信念和追求,如今已化为润物细无声的力量。在旦门,有如那一缕初升的阳光,普照大地,让光芒所能触及的每一寸土地,生机盎然,盛开微笑……

初见吴寿国,是 2011 年夏天的一个下午,在吴寿国弟弟吴灵通长期经营的位于宁波市区的宏通苑酒店,一个吴寿国到市区办事常住的房间里。

吴寿国给人的第一印象有着典型的儒商气质,沉稳儒雅,威严中透露着可信和真诚。方圆脸,嘴唇宽阔,耳朵和耳垂都很大,一张具有佛相的脸。坚定清澈的眼神,给人十二分的信赖,淡定、从容。

不过没想到,貌似不多言的他,一开口便娓娓道来,岁月的记忆尽在眼前,仿佛泉涌。他谈出身的命中注定,谈父母勤劳坚毅,谈成绩优异却无缘高考的苦痛和遗憾,谈谋生的不易,谈创业的艰难,谈企业的挫折和展望,谈上任村党支部书记的复杂心境……在娓娓而谈里,相隔 50 多年的岁月仿佛就在眼前,如小溪潺潺流淌,流过丛林,流过险滩,最后汇集成一条沉稳宽阔的大河,沿着既定的流向,一步一步踏实向前。

他叙述的语气里没有成功企业家的豪气和霸气,有的是他经过岁月的历练和走过来的沉稳与从容,一切在回望淡然,连同当时那彻骨的痛,都已沉淀为岁月的馈赠,那么深厚的苦难练就了淡定,面对一切波折,运筹于帷幄,遵循自己内心的言行。

他的成长打着深刻的时代烙印。

就因为外公曾当过国民党的保长,这个无法选择的命运,让他,一个始终追求上进的青年备受歧视,酷爱读书成绩优异亦无缘高考,彻骨的痛后他没有认命,一直坚持看书读史,始终坚信命运可以掌握在自己手里。

当改革的春风吹醒大地,他终于摆脱身份桎梏,可以大干一场。1987 年 3

月他白手起家,依靠借来的 7000 元流动资金,利用 5 间破窑房,办起了乡里的第一家工厂,也是公司的前身象山驼绒厂,带领村里的第一拨人走向致富路。

1994 年, 在宁波市区已经将事业搞得风风火火的弟弟吴灵通劝他离开偏远的旦门,到市区来发展,但他说:"家乡就只有我一个企业,虽然只有 100 多个职工,我不能走,我想让村子富起来。"弟弟笑他傻,因为旦门土地和宁波的土地,价格相差甚远,像哥哥这样能吃苦,会创业的人,就因为旦门地理位置制约,发展慢,要是在宁波发展,光土地升值就不得了。但哥哥始终坚持在家乡发展,只有让他由衷地敬仰。

2001 年 3 月,已是销售近亿元的大企业领头雁的他,又挑起了旦仁村,这个县级贫困村党支部书记的重任,2004 年再次担任了由旦仁村等 5 个自然村合并的象山县第二大村旦门村党支部书记,短短几年,把一个市级贫困村变成了"市级小康示范村"和"象山县美丽村庄"。

十多年来, 他以常人难以想象的旺盛而充沛的精力驾驭着企业发展和村庄巨变的两架"马车",纹丝不乱。他自掏腰包接待来村客人,他四处奔走,争取项目资金,一年年改变着村容村貌,一年年看着村民走向富裕,他的笑容比谁都灿烂。

当别的企业纷纷迁往工业园区享受更优惠的政策, 利用更便捷的交通和配套条件时, 他却更多关注象山县边远村庄的剩余劳动力安置问题,先后于 2004 年、2006 年在定塘镇定山村和新桥镇板岭村各投资 500 万元和 300 万元新建了两家针织厂,安排农村劳动力,促进了这两个村的新农村建设,使得这两个边远村也一跃成为宁波市小康示范村。在他的"援助"工厂里,只要村民愿意,并且具备工作能力,他都慷慨吸纳。原来一直赋闲在家的六七十岁的大妈们,之前从来没有想到过,在晚年还能用自己的劳动挣钱花,还能和同龄人一起在工厂里快乐相处,一起干活。那一幕也是我们在别的企业里从来没有见到过的温馨快乐场面。他从车间走过,接受老人们的微笑致意,他的眼里也是满满的笑意,比任何时候感到满足。

第一面, 他只娓娓叙述了他的成长经历,更多的是谈年轻时的遗憾,创业时的成长,发展中的挫折和发展,再展望。更多地了解他,是走进村庄,走近他的家人,朋友以及共事的那些员工,村民,听到了,看到了更加丰满的一个吴寿国,人如其名,厚重,有担当。

虽然, 在宁波,即便是在象山县,吴寿国的企业都不是最大的,但是他的双重身份,他的一路走来,却如一座极为丰富的宝石矿藏,挖掘愈深,矿藏越丰富。

这一路坚韧地走来，不断地付出，曾经有多少人说他傻，也有人问他搞好企业已经了不得，为啥还要当个村党支部书记，这么辛苦图啥？但吴寿国没有后悔当初的选择，他的脸上依然挂着淡然的笑容。

以至于，在他的笑容背后，他的会客厅墙上看到那一幅书写着"厚德载物"四个大字的书法作品时，仿佛一下子体味了他的良苦用心。

《周易》云："天行健，君子以自强不息；地势坤，君子以厚德载物。"两句意谓：天（即自然）的运动刚强劲健，相应于此，君子处世，应像天一样，自我力求进步，刚毅坚卓，发愤图强，永不停息；大地的气势厚实和顺，君子应增厚美德，容载万物。意喻君子应该像天宇一样运行不息，即使颠沛流离，也不屈不挠；如果你是君子，接物度量要像大地一样，没有任何东西不能承载。人世沉浮如电光石火，盛衰起伏，变幻难测。如果你有天才，勤奋则使你如虎添翼；如果你没有天才，勤奋将使你赢得一切。只要你自强不息，就能改变别人对你的看法，就能开拓出一片属于自己的天地！而真正的智慧总是与谦虚相连，真正的哲人必然像大海一样宽厚。人们常说："播下行为的种子，你就会收割习惯；播下习惯的种子，你就会收割性格；播下性格的种子，你就会收割一定的命运。"

谈及"厚德载物"，他亦有朴素的理解："最高层次是'以德治国'，很多人都做不到了，当村书记，企业老板，权也有，钱也有，从来没有想过权是为己所用的，资助人家也从没想到人家回报。觉得有能力资助别人很开心。把工厂办到家门口，有助社会的稳定，修养的提高，文明程度的提升，能让他们赚到一点钱，不在家吵架，搓麻将。凭着自己的良心能为他人做点什么。"

吴寿国的一位相交多年的朋友说得好：吴寿国的企业不是很大，但人品很伟大。为甬商，也不仅仅是甬商，为所有的企业家在如何做人上树立了一个榜样。也可以给现在的富人反思对照：我创业为了什么？百年之后能给后人留下什么？社会对我认可了什么？不是说有了钱就有了一切。很多东西不是钱能买来的，比如社会的公信力。人的一种向心力。吴总身上能够折射出传统美德的继承，市场经济条件下人很浮躁，诚信也好，美德也好，在流失。仇富心理越来越严重，但像吴总这样身体力行，让人敬重的富人，却不是很多。他认为中国没有贵族文化，在西方，贵族也是受人敬重的；而在中国，企业家很多时候被浅薄地定义为富人，只是财产富有的人。而一个人在富有之后，能够福泽身边的人，能够带动身边的人，是值得尊敬的，值得我们致敬。

小时候，在妹妹眼里，哥哥是无所不能。

为人父后，在女儿眼里，父亲是无所不能。

在集团，他亦是绝对的精神领袖，领头雁。

在村庄,他就像一面旗帜。

"为什么我的眼里常含泪水,因为我对这土地爱得深沉。"故乡,难以割舍的情怀;理想,生生不息的动力! 他,更愿意像这故乡旦门从海上升起的那一缕阳光,温润着这片土地,惠泽万物,温暖乡情,亦每天都见证自己正在倾力参与的旦门的新一天,将温暖和希望洒向故乡的角角落落,在故乡点滴的变化里照见自己的成长以及为之努力不懈的信念——验证自己人生的价值,让更多的幸福丛林枝繁叶茂。

的确,如果不是因为离不开家乡,他可以少走很多弯路,早已把企业做得更大。有弟弟的铺垫,他早就有在宁波市区发展的机会,但他一直舍不得离开家乡,他眼里的富裕,是和家乡一同富裕。

如果不是支援边远山村的发展,想让曾经和他脚下这块土地一样贫瘠的地方肥沃起来,他可以把更多的财力投向都市,以期更快的发展,但是他始终没有后悔过。

他完全可以专心做自己的企业,对社会的贡献和回报已经不小,但他还是挑起了支部书记的重担,给自己增加太多的辛劳。因为他想力所能及地和家乡一起变化,才是他眼里真正的成功和成长。

一直听说他的歌唱得特别好,最后一次采访后道别时,让吴总唱一首歌,他随口唱起了《在那桃花盛开的地方》,浑厚而深情的男中音久久回荡,陪伴了我们回来的一路遐想,在那个东海之滨,一个叫旦门的村庄,那个第一缕阳光升起的地方,有一位这样坚韧、宽厚,执着于信念的守护者,无怨无悔地忙碌着,为自己的理想,他是那么心甘情愿地想做故乡的那一缕阳光,无悔地洒向旦门这片曾经微薄,而今却充满了希望的土地,和这块土地共成长,也为着家乡人祖祖辈辈的期盼:让第一缕阳光照耀的故乡美些更美些,让阳光下的笑容甜些更甜些……

第一章　童年篇

1.旦门

　　浙江宁波象山东陈乡旦门村,位于象山县中部,丹城和石浦的中间地段。象山县居长三角地区南缘、浙江省中部沿海,位于象山港与三门湾之间,三面环海,两港相拥。唐神龙二年(公元706年)立县,因县城西北有山"形似伏象",故名象山。全县由象山半岛东部和沿海656个岛礁组成,海岸线长925公里,素有"东方不老岛、海山仙子国"和天然氧吧之美誉。北部象山港为著名深水良港,南部石浦港是国家级中心渔港和二类开放口岸。丹城是象山的县城。位于丹城和石浦中间地带的旦门村相对落后,这些年因为大交通的发展才慢慢走

旦门阳光

出闭塞，迎来欣欣向荣的发展前景。

从丹城到石浦，穿过最后一条隧道，就会看到一幢幢整洁明亮的农家小楼，密布在公路边的一片葱绿中，背依青山，面向大海，一览无遗。每天，海上升起的第一缕阳光就静静地洒在这个偌大的村庄，燃亮新一天的希望。

2004年，行政村规划调整以后的旦门村由旦仁、旦义、大湾、双农、双渔五个自然村合并而成，足有3500余人，是象山县第二大村。近年来，旦门村积极推进新农村文化建设，并取得了巨大的成就。如今的旦门村，楼房鳞次栉比、道路宽阔通畅、山清水秀、鸟语花香、邻里之间和睦共处，处处可见繁荣祥和的景象。

来到旦门村沿海大道可以看见一座高高的牌楼，上书"仁义"两个大字。牌楼下，一条宽阔的水泥路笔直地延伸入村，路边并排行走着一条6米宽的溪渠，溪两旁绿树成荫，溪间流水淙淙，经年不息。它们一路向东，流经村口，流经丹石路，一直流向前面的仁义滩涂。

再向前二三百米，就可以看到吴寿国最初创业的地方，也是佳利集团的大本营。而今一排排、一幢幢厂房大大小小共有13幢，并非规划有序，不齐整排列，也折射出企业一步一个脚印走过的痕迹。企业所在的村落，也是吴寿国出生、成长的村落，旦门村的其中一个自然村——旦仁。

50多年前的旦仁是象山县极为偏僻的一个小山村，面向大海，三面环山，只有漫漫水路和迢迢山路，交通极为不便，非常闭塞。东方升起的第一缕阳光就照耀着这个贫困却祥和的村庄。虽然地处偏僻，村庄却有着悠久的历史渊源。单从旦仁、旦义字面上的理解也充满了仁义的慈怀。关于仁、义的村名，村里流传着好几个传说。一说是，相传村里有母子俩，儿子平日里对老母亲相当孝顺。有一次儿子晚上到海里起网，突然间，狂风大作，下起倾盆大雨。一想到家里的老母亲，他一口气跑回来，但是回家还是已经晚了。他的母亲已经倒在风雨里没有了声息。他怀着无比悲痛的心情把老母亲葬在家旁边。每天祭拜，守候，一直没有娶妻，也足不出户。故事传开，大家深感他的孝心和仁义，名扬方圆数里。

还有一个来历。说的是，唐朝时，从南京过来一个医生，定居于此地。当时象山流行霍乱，大批百姓死于霍乱。这位医生倾其所有，倾家荡产为村民买药，治病，从死神手里救回了许多村民的生命。医生的行事传到长安，得到皇帝赞赏，为褒奖这位无私慷慨的医生，赐当地"仁义"村名。

第三个传说，说的是当时此地闹饥荒，民不聊生，眼看着大家都要饿死，一户李姓的人家把家里的粮食都贡献出来，煮粥给村民吃，帮大家渡过了难关。

这些仁义故事也赋予村庄仁义忠孝的含义。

1958年4月,吴寿国就出生在这个充满了仁义忠孝乡风的小山村,一个没落的贫困家庭。

旦仁村的秋天,白天骄阳烈日,烤得大地直冒青烟,仁义沙滩,海边晶莹发亮的透明沙粒,在烈日下发射着耀眼的光芒。山冈上绿油油的灌木丛一股劲地疯长,它们从来不怕烈日,不怕干旱,一年四季总是绿油油的永不褪色。就像这里的老百姓一样,不怕侵略、不怕强暴,世世代代顽强地在这里扎根繁衍。

在吴寿国的记忆中,难于忘怀的是他家的老屋。

他说,我和弟弟都是在这所老屋里出生的。

老屋是土屋,墙用一种家乡人称之为划子砖的土砖砌成,屋顶盖的是青色的小瓦。他的童年,即在此度过。

老屋最初的时候只有两间。东边是睡房,睡房里支两张床,一个睡柜,小时候的他们兄弟以及父母全睡在这间房里。西边一间靠南的一半是灶屋,靠北的一半是祖父的睡房。老屋东边的山墙外是厕所,西边的山墙外是茅草屋。

老屋的青色小瓦的屋顶,给吴寿国的童年带来了极大的乐趣,也让他十分怀念。

老屋光线很暗,因此,从瓦缝里漏出来的这一两缕阳光,就显得特别的耀眼。这些光线,有的粗一些,有的细一些。粗的像木棍,细的像丝线。它们有时静悄悄地落在墙上、桌子上、摇篮上、脸上,有时又仿佛带着声响——有时像奔腾的骏马,有时像风中的小铃铛。儿时的吴寿国常对着这些光线发呆,时常深深地沉浸在一种感伤的情怀之中不能自拔。慢慢地,这些阳光就从这面墙上移到那面墙上去了。

老屋院子中央有一棵桃树,正对这堂屋的大门,坐在堂屋里,正好看见这棵树。这是棵老桃树,很粗,应该生长了几十年了吧。每年春天的时候,它便开满粉红的桃花。不几天,院子里就落满粉红色的花瓣。到初夏的时候,它就每隔几天长出几个小桃子出来,每隔几天也会有几个桃子红起来。不过,那桃子是什么滋味,他现在全然不记得了。只记得吃完桃子后剩下的桃核,可以用来雕成小篮子、小桶等玩意儿,然后串在钥匙串上。

儿时的记忆在他脑海里依然鲜活,旦门人认为桃枝可以避邪,总不断有人到他家来折桃枝回家插在自家的大门上方。

那时候每家每户都养着一至两头猪。每隔一段时间,生产队就派人到各户的猪圈里取猪粪。有一次,来他家挑猪粪的一大群人,用竹竿子将他家桃树上的桃子全敲下来吃了!

还记得有一次，弟弟不听话瞎闹，母亲为了吓唬他，将他用绳子捆在桃树上，弟弟马上就吓得求饶了！

后来，桃树被虫蛀得厉害，结的桃子全被虫蛀了，树干也被虫子蛀得千疮百孔。后来就被父亲请了很多人将它放倒了。桃树放倒后，留下一个很大的树坑，好多年才慢慢地填平。被放倒的桃树被锯成若干截，躺着放在院子的墙角里。天晴的时候，母亲总是在上面晒被子，晒鞋子。

更有趣的是到了晚上，天色灰蒙蒙的，月光昏蒙阴沉，月亮躲进云层里忽隐忽现，好像犯了错误的孩子，羞涩得不敢正视人间。劳累了一天的旦仁村人，男女老幼围坐在自家的小天井里乘凉，老人斜躺在竹椅上，喝着凉井水，手摇着蒲扇，滔滔不绝地和儿孙们聊天。

这时两旁邻居又跑出七八个男女来串门，也来到古宅的老樟树下乘凉，海阔天空地聊天。那时候吴寿国还很小，也喜欢在这月光下听老人们讲故事。

有一天晚上，村里人又围在一起了，老人又滔滔不停地说起来，忽然一个青年人问老人道："阿公，听说我们这个村过去叫'仁义'，这是为什么？"老人见青年人问，不觉长叹一声道："是啊，你问得好，要知道'仁义'两个字的来历，只有我们这一辈老人才知道，要是不再提起，你们年轻人就不知道了。"

青年人接着问道："阿公，请您把'仁义'两个字给大家说说吧。"

"要知道此事的来历，还得从头说起。"接着阿公就说起了太平天国的故事——

我们的祖先是在一个很远很远的地方。当时清政府昏庸无道，鸦片战争失败后割地求和，再加上连年闹灾荒，天灾人祸逼得民不聊生，洪秀全于公元1851年1月11日（清道光三十年十二月初十），在广西桂平县金田村组织"拜上帝会"聚众二万多人起义，号称太平军，我的祖父理德公当时年方十五，也跟其叔叔们参加太平军。太平军人人留长发，世人皆称为'长毛'，他们提出政治、经济、民族、男女四大平等的主张，号召人们信仰"上帝"，击灭"妖魔"，实现"天下一家，耕者有其田，共享太平"的口号，这得到广大人民群众的积极响应，纷纷参加了义军，使得义军不断壮大，清军闻风丧胆，从南至北势如破竹，秀全阿公自称天王，率三军一路北上，于公元1853年（清文宗咸丰三年）春，攻破南京，(改称天京)并定都在此，下令杀官僚，放奴隶，禁娼妓，全国为之震动。清廷极度不安，到处抽调兵马，伺机反扑。这时，太平军如果能团结一致，一鼓作气，挥师北上，以排山倒海、势如破竹之势，就有一举统一全国的可能。可悲的是太平军进城以后，错误地认为驱逐清王朝已无问题，数年辛苦，现在可以松一口气了，享受一下，所以到处搜刮钱财，建造王宫帅府，从而形成了各路藩王互抢领地,麾下将士争权夺利的局面。以致互相残杀,重新置百姓于水深火热之中,清王朝瞅准这一机会就调动重兵全力反攻,各路义军兵马虽然奋力抵抗,但因离心离德,各自保存实力,缺乏统一指挥,没有互相支援,方使清兵能够集中兵力逐一击破。

那是公元 1864 年的冬天,北风在呼啸,雪花在空中飞飘,一个傍晚,时间已将起更,在浙江东部沿海一个叫"五坑"的小村中,除了靠南端一家小酒店还点着油灯外,其他的村民经过一天的劳累后,都已经吹灯入睡了。这时,忽然村北面响起了狗吠声,一下子打破了平静的夜晚,隐约中有一队人马正缓慢地向村里走来,你只要仔细地看一下,就能发现这一百多人的队伍中,除了有三十多个是军人外,其余都是妇女和儿童,领头的是一个手持大砍刀的络腮胡大汉,虽然势态勇猛,但却衣冠不整,满面灰尘,再看看其他人员也是如此。原来这是天王洪秀全麾下的一支太平军残部及其眷属子女,领头的大汉就是我的爷爷洪理德,在军中被任命为辎重大将军,负责运输粮饷,保护家属的任务。原驻扎在江苏省江宁县的方山,年初,天京(今南京)被围,清将曾国荃引兵分袭临近各县,江宁县小,无险可守,只好弃城败退,初时想退至句容县的茅山潜伏待机,但清军紧追不放,无法驻扎,只得边打边逃,经溧阳、宜兴、昌化、安吉、绍兴等地,因兵无斗志,闻风而逃,溃不成军,直至嵊县找到驻浙江的太平军首领侍王李世贤时,由江宁县退走时的三万义军只余三千多人,家属也大部分走散。

本来以为找到侍王后可以休整一下,谁知浙江的情况也十分不妙,这里的义军也遭到清军围剿,节节败退,形势非常恶劣,侍王李世贤为了组织义军抵抗,无法顾及眷属,因此将家属子女也委托洪理德将军代为保护。

但浙江巡抚左宗棠亲领大军直压过来,义军刚到嵊县,清军先头部队已至柯桥,不出两天即可到达嵊县,因此,只好放弃嵊县撤退,为了分散敌人注意力,决定兵分两路,由侍王率领主力向金华方向转移,洪理德将军带领残兵三千,保护家属向台州方向撤退,由于士气低落,战斗力全无,虽在领军各级头目的鼓励下,但仍无斗志,遇敌一触即溃,简直无法收拾,特别是到达台州的天台与清朝的正黄旗子弟台州总制索尔泊带领的清军相遇,双方激战终日,义军伤亡惨重,开小差逃跑的也不少,这一战可说是一败涂地,经洪、华、铁三将军奋力冲杀,才算突出重围,继续向东急进,当日下午进入牛头山区,方始摆脱敌人,当时清点人数,仅余士兵三十六人,妇女儿童八十余人,人人都是饥肠辘辘,累得连说话的气力也没有了,但大家都知道现在还不是休息的时候,赶快吃饱肚子上路,幸好每人所带干粮尚背在身上,于是急忙取下来和着山泉吃个饱。

待大家整理好后，洪理德将军告诉大家，这里也不是安全地带，还得马上走，不然敌人会追到，因而冒着北风和空中飘扬的雪花，来到了海边。队伍进村后，洪将军即令停下，靠两旁可避风避雨处休息，一边叫来华、铁两位将军商量下一步该怎么走？他们三人边走边谈，最后决定想法找个安全的地方先隐蔽起来再作打算。三人走到村南头，慢慢地推门走进了一间点着油灯的小酒店。

这时店中四个围桌而坐的老人急忙站起来，用恐惧和警惕的目光打量着三个手握兵器的人。洪将军急忙上前捧拳施礼道："在下等乃太平军天王部下，因兵败退至此，打扰各位，请勿见怪！同时还有事向诸位老人家请教？请坐下说话。"

四老者闻言方始宽心，即移位合坐，空出两条板凳让给他们三人坐下，其中一个老者大概是小店的主人，连忙冲了三杯热茶放在桌子上，给三位将军驱寒，然后也在一旁坐下。待大家都坐定后，中间一个看似私塾老师模样的白胡子长者开言问道："各位军爷，有事请讲，只要我们办得到的，自应该尽力而为。"洪将军道："得您老人家这句话，我等万分感激，我先代表我们一百多号人向你们几位长者表示感谢。现因时间紧迫，无法细说，只有长话短说，并请各位长者听完后，一定要多多指教！我们目前兵尽粮绝，前有大海，后有追兵，进退无路，已陷绝境。我们身为军人拼死疆场无怨，只是身后尚有妇女儿童八十余人，都是太平军的眷属后代，所以有必要找一个安全地方住下来，等战事过后，再想法认祖归宗。不知诸位老人家可有良策？"

还是那个老者接言道："草民吴祖良，祖籍章安，在此教书已十多个年头，对周围地理比较了解，五坑村的确不是久留之地，官兵随时会追到，无处可以藏身，唯有远离大陆，去海岛上找个安全去处方为上策。"

华将军道："但不知海上可有好去处？"

另一个老者道："我家数代居住此地，以渔为业，早年曾听父亲说过，由此东去不远有一荒岛无人居住，由这里上船，现在正刮西北风，一夜就能到达。只是夜色已晚，船只难找，即使有了船只，还要有熟悉水路的老大，只怕行之不易。"

第三个老人说道："该处航道，我早年出海捕鱼时去过，风大流急，暗礁颇多，船只不易靠近，只有东南一港湾可以登陆，只要能筹到船只，我愿送诸位上岛，不知吴老以为如何？"

吴祖良老汉说："现在别无他策，也只好这么办了。事不宜迟，我们三人立即到村里筹划，把全村的船只都动员集中起来，再去找乡亲们筹备一点粮食和农具,一个时辰以后到码头集中。请三位军爷马上召集队伍到码头等候,以便尽快出海。"

吴老同时又对另两老说,"告诉船老大们多带些粮食和用品,把人送到后,不要立即回家,将船驶到石浦港去躲避几天,等清兵走后,我派人通知你们再回来,以免遭清兵的侵害。"

洪理德等三位将军见吴老汉安排分配得有条不紊,合情合理,都肃然起敬,心中感激万分,忙一同上前跪下磕头致谢。吴老汉立即扶起他们道:"这件事我们当仁不让,三位军爷不必多礼,事不宜迟,还是快去准备吧,因渔舟太小,不必要的东西还是不带为好。"说罢,拱了拱手,领着另二老匆匆而去作出海的准备工作。洪、华、铁三将军也立即去召集人马。

翌日中午,一队约千余人左右的官兵追到了海边,统制索尔泊骑着一匹黑马来到海堤上,只见坝下丢下了军旗、车杖等物,太平军已无影无踪,就连周围的老百姓也不见一个,唯有前面海水连天。官兵们一片哗然,难道太平军上天入地去了,眼看没有线索,只好不了了之。

为了称功,索统制回衙后,即向皇上奏称:贼军三万闯袭象山、台州一带,臣统五千精兵与其奋战,我方将士英勇有加,激战三昼夜,终于将其击溃,斩贼首级万余,余贼三千向东逃窜,我军乘胜追击,终于将贼军围歼于浙东海滩,无一兵卒漏网。

朝廷为了嘉奖他们,下旨升索尔泊为台州正四品总兵,还奖银五千两,其他官兵也各有封赏。

1864年春,左宗棠勾结英、美、法侵略军攻占杭州,在浙江的太平军失败了。同时李鸿章勾结英、美侵略军攻陷苏州,连克五十多个城,在苏州的太平军也失败了。曾国藩率清兵围困天京,天京兵尽粮绝,六月一日天王洪秀全自杀,七月十九日天京陷落。至此,于公元1864年,太平天国先后活动了十四年(清穆宗同治三年)宣告结束。按照当时的清律,平民造反必须斩草除根,株连九族,故洪、李、石等三姓亲属被牵连诛杀的据传有千余人,可见清廷对太平天国的农民起义军恨之入骨。

当年我祖父年方三十,带领残兵及眷属妇幼百余人在本地村民的帮助下才逃到此岛,各姓宗族方能延续下来,一个多世纪以来,岛上各姓兄弟团结一致,共同努力,方能获得目前的美好局面。要知道我们的祖先初来到海岛时,只是逃避官兵的追杀,尚未考虑来岛后能否生存下去,抱着听天由命的心态。上岛以后才知这是一个名副其实的毫无半点生气的荒岛,为了能活下去,不分男女老幼,一起动手,盖草房,开荒地,编藤结箩,网鱼捕鸟,才把日子慢慢地安定下来。这就是现在的南田岛。

痛定思痛,当生活安定以后,几位老人聚在一起检讨失败至此的原因,一致认为太平天国的成败与历朝各代一样,都是得民心者得天下,失民心者失天下。天朝就是因为王业初成,全局未定,即腐败起来,争权夺利,互相残杀,给清王朝有机可乘,调动精兵强将把太平军分头逐个歼灭,看来是败于清兵之手,实是败在自己人手中。他们说了,要不是五坑村的这几位老者的仁义,大家命就都没了,为了怀念和感激五坑村的救命之恩,所以就把这个小村子改名为仁义村。

不管这故事是真是假,但这个故事在吴寿国的心中却留下了很深的烙印,影响了他的一生!

阿公说到这里,"唉"一声长长地叹了一口气,喝了一口凉井水,额头上冒着汗,他用独臂左手摇了几下蒲扇,又放下蒲扇,捋了捋完全发白的胡子,接着又说:"天有风霜雨雪,地有山崩海啸,月有阴晴圆缺,人有悲欢离合,国有改朝换代,万物吐故纳新。这个妇孺皆知的自然规律,可是真正理解它的真谛,摸透它的玄机者又有几人。红楼梦里说,人人知晓神仙好,只有功名忘不了。帝王将相古来多,如今却又谁见了。毛泽东也说过,天下者人民的天下,国家者人民的国家。人民是创造世界历史的动力,人民是主宰世界的主人。"

谈到这里,阿公的情绪非常激动,嘴唇在微微地抖动,眼睛里流露出忧伤的情感。

"世事沧桑心事定,胸中海岳梦中飞。"

有一位年轻人为阿公的茶杯里添满了开水,把竹椅子搬到老人的跟前,抢过老人的蒲扇给老人打扇赶蚊子。并劝慰道:"阿公,您讲得真好!您老人家可不必为历史的悲剧伤感。老年人要忘掉过去,展望未来。毛主席说,冷眼向洋看世界,热风吹雨洒江天。要用乐观的心态去看世界,才能心态平衡,保证长生不老。"

"孩子啊!阿公我不是怀旧,而是忧新。我担心你们的前途,为你们的命运而发愁啊!"

"您不要杞人忧天,儿孙自有儿孙福,用不着您老人家操心。"

然而,吴寿国的命运却被这老者言中了。

吴寿国的生命之舟开始在他童年的海洋里颠覆……

2.家庭

吴寿国的父亲吴明富是象山县新桥镇洋坑村人,离旦门村大约十里远,是从苦罐子里熬出的人。父亲3岁时,祖母就去世了,他跟着祖父来到鄞县横溪芦花桥村做小生意谋生。同去的还有年长父亲7岁的伯伯吴明珠。因为从小丧母,祖父又经常外出,兄弟两人生活非常贫困。父亲7岁时,祖父也不幸病故,兄弟俩的生活更加悲惨。无奈之下,伯伯在当地给富户人家当长工,养活自己。尚年幼的父亲还算幸运,被家住象山旦门仁义村的姑父一家当亲儿子一样抚养长大。直至24岁,经人介绍入赘同村吴寿国的母亲张坑吴家。

吴寿国母亲比父亲小7岁。外公是本村的一名保长。因为有文化,善交际,并做过道士,解放前夕曾任当时一支土匪部队的大队长,和当时的象山上层名流打成一片。1949年解放后,因为国民党保长身份被判重刑,在新疆服刑。1951年病死在新疆农场。外公离世时只有36岁,母亲只有9岁,下面还有一个3岁的弟弟。解放后,因为外公的身份和受处罚接着很快离世,一家人也从解放前的"富足一方"一下子跌入了极端贫困的境地,还给一家人戴上了沉重的精神桎梏,而且整整影响了两代人。

外婆一个人带着两个年幼的孩子艰难度日。虽然有过保长家庭的身份,但外婆向来待人谦和,在村里的口碑一直很好。因为吴寿国的外公临走前曾叮嘱外婆一定要让母亲念几年书,后来外婆送母亲念了三四年小学。母亲从小聪明伶俐,漂亮端庄,爱唱戏,15岁参加农村剧团,到处演出,有一副好嗓子。吴寿国的母亲也十分坚强,面对成分的歧视,她从来没有低声下气,而是抬起头来做人。因为在她看来这不是她的错,她并没有做错任何事,跟她并没有任何关系,尽可以抬头做人,只要自己脚踏实地的过日子就好。不仅在为人处世上十分乐观,而且也十分体谅外婆的难处,是家里的主心骨,很有担当。

16岁时,极有文艺天赋的母亲还考进上海戏馆,这在当地引起了不小的轰动。外婆考虑到当时母亲的弟弟尚年幼,家里没个男劳力,遇到点事情很难有个依靠,所以没有同意。母亲也非常体谅外婆的苦衷,放弃了自己心爱的学戏唱戏梦,17岁就和上门入赘的父亲结婚,18岁生下了吴寿国,20岁生下吴寿国的弟弟吴灵通,24岁再添吴寿国的妹妹吴亚玲,好在父亲是贫农身份,分到了田地,就靠父亲养活一家子。

3.少年

在吴寿国眼里，父亲虽然因为家贫，从未上过学，但是勤劳正直，办事干练，非常聪明，有特别强的适应能力和记忆力，这一点也完好地遗传给了吴寿国。合作社时期，吴寿国的父亲入双桥渔社，曾任民兵连长，副社长等。当时工作非常积极，很求上进，虽然没有文化，但是很有闯劲，深受社员尊敬和领导好评，要不是正当27岁的壮年，被命运捉弄，患病后，受当时的医疗条件限制，没有得到及时医治而致残，吴寿国的家庭条件还不至于如此艰难。

1960年秋天，因为一场突如其来的强台风，渔社里的很多船只都被大风卷走，掀翻，情况十分危急，当时担任渔社副社长的父亲组织下海把船抢回港湾，在抢救船只时腿部受伤，后来伤口一直发炎，无法愈合，也没法下地。因为当地医疗条件非常有限，地方又很偏远。村民们只得把他从旦仁抬到丹城就医。从旦仁到丹城，要翻山越岭，走20多公里的山路，当时4个人轮流抬，历尽艰辛，抬到丹城。因为父亲为了不麻烦如此艰难抬他的村民们，不愿给他们添麻烦，中间都没有小便，送到医院时肚子因为憋尿涨得很鼓。医生一摸就说不得了，马上要开刀，结果开了以后发现里面好好的，只是憋着小便。但是大腿根部的伤口却一直没有治愈，淤积成胶质瘤。吴寿国至今还清晰地记得父亲患病时他才3岁，一直到7、8岁，父亲的这个伤口还在流脓，痛苦不堪，这个久病不愈的伤口也使吴寿国的父亲行走不便，落下残疾。

父亲生病导致残疾，人家能拿10分工分，父亲只能拿8、9分，一家人就靠父亲一人赚工分度日。父亲生病那年，吴寿国3岁，弟弟吴灵通才出生不久，当时也刚好是中国的困难时期，整个中国都陷入饥荒中，更何况这个没有一个健全劳动力的家庭。从吴寿国记事开始，家里能吃饱已经不错，吃不饱是经常的事情。幸好母亲很能持家，把家里安排得很妥帖。晚上是不能吃米饭的，只能吃番薯粥。偶尔只有中午才能吃顿米饭，最困难的时候，只能三餐吃番薯干煮成的薯汤，连喝一口粥也是一种奢侈。

只有家中唯一劳动力又带病的父亲才偶尔能够喝上一碗粥。吴寿国至今还清晰地记得，有一次，父亲在阳台上一边晒着太阳，一边喝粥，当时还只有四五岁的他趴在窗台上盯着父亲的碗，嘴馋得要命，口水简直要流下来了，一家人吃的是已经发腻的番薯干，而父亲那碗香喷喷的粥里还有咸肉。父亲回头慈爱地看看他,朝他招招手:"过来吧,过来吧!"但吴寿国看看一旁忙碌的母亲,还是不敢过去吃,怕被母亲骂,因为病人才能吃,看着直咽口水又不敢过来的早早懂事的儿子,父亲又疼惜,又自责,想着要不是自己落下残疾,就还能多干些活,家里的日子就不会如此艰难,连累了孩子们。

吴寿国还记得 10 岁那年,家住鄞县横溪的伯父知道吴寿国家里困难,给了他家 40 只年糕,一家人都高兴坏了。因为平日里家里从来没有吃过白糕,家里做的年糕大部分都是用番薯渣掺杂少量面粉做的年糕。这回听说有白米年糕吃,还有这么多。吴寿国第二天就兴高采烈地推着手拉车赶去,步行推车,乘船摆渡,然后再步行推车,途中用了整整两天时间,虽然路途周折,非常劳累,但路上一想到马上就能吃到白年糕,也不觉得辛苦了,一路上健步如飞,就想着早点到家,好早点让全家人好好吃个够,好好解个馋。吴寿国到的那天晚上,母亲煮了年糕汤,给每个人都盛了满满一碗,吃着好久没有吃到的美味白年糕,兄妹们一个个狼吞虎咽,把一旁的父母看得心酸。

随着年龄的增长,懂事后的兄弟俩都非常孝顺,家里有点米,两兄弟总是异口同声地说,先给父亲吃,先让父亲先吃饱,非常体谅父亲作为唯一家庭来源依靠的辛苦。

腿部伤病致残后,父亲丧失了农业的基本劳动力,只能靠捕鱼,搞运输赚工分。吴寿国的父亲非常勤劳,也很聪明,很会动脑筋赚钱贴补家用。每年下半年休渔期间,父亲会从生产队租下 8 到 10 吨的船搞运输,除了转租给别人搞运输外,自己也跑,运输柴草、番薯干、粮食、水产,从石浦运到沈家门、宁海等地。吴寿国还一直记得这样一笔账:每年上半年家里仅靠父亲拿 7.5 工分的收入养家,总会欠人家 100 元债务,要是父亲下半年搞运输下来,除了还掉这 100 元钱,还能赚 100 元钱用于孩子们的吃穿,也能宽裕些过年了。年年如此,勤劳聪明的父亲,因此也结交了很多朋友,所以家里的吃用勉强可以维持,比起一般的农户要好些。

吴寿国夫妻与父母合影

　　父母勤劳，诚实，善良，坚毅，也把这些美德潜移默化地传给了孩子们。父亲出身的困苦，面对困难的坚毅，善于谋生的聪明，母亲的善良和果敢，连同文艺的天赋都传承给了吴寿国，融入他的成长，练就他的人格魅力。

　　父亲的致残，家庭的重担，外公的成分影响带来的歧视，这都加速了吴寿国作为家中长子的成长。穷人的孩子早当家，而作为家中的长子，更注定了要承担更多的风雨，锤炼更坚实的肩膀，这也使吴寿国在他人眼里一直显得比同龄人早熟，懂事，有思想。

第二章　求学篇

1.上学

吴寿国作为一个农村孩子,出生在这样一个贫困而复杂的家庭。全家五口人,三个孩子和父母亲,孩子中他是老大,所以村里人都习惯叫他阿多(宁波话"大"的意思)。家境不好,父母仅靠在生产队挣点工分和帮别人打点零工的收入来维持着全家人的生活。他们兄弟几个都很懂事,每天都帮父母做力所能及的农活,试图来改变这个家的状况。通常来说,这个年龄段的孩子应该是在无忧无虑地享受着他们的童年生活,然而,这个时候的他们却因为贫困,而用自己稚嫩的肩膀与父母一起撑起这个家。帮父母亲干活。都说"穷人的孩子早当家",这句话用在他们的身上一点也不过分。虽然三个孩子不上学的话能给家里减少很多的负担,但是父母俩的心里还总是酸酸的。他们深深知道,这几个孩子都很懂事和渴望上学读书, 如果不让孩子读书, 那么结果将会和他们一样,一生就只能守在这几分薄田旁生活了。但是家里的状况不得不做出这样的选择。父母俩也暗暗地作出了个决定:虽然家里穷,供不起几个孩子一起读书,但至少要尽他们的能力,能供到哪儿就读到哪儿,只要有口气在,只有这样,才能有机会改变这个家的状况和孩子今后的生活, 所以父母俩一直都在为了这个决定而默默地努力着。

或许是想改变自己的命运,能够出人头地,给家人过上好日子;或许是受母亲的影响,母亲念过几年书,很有涵养。而父亲这么聪明,要是念过书就更有作为了。吴寿国自幼就十分喜爱读书。虽然家庭贫困,一家五口人仅靠父亲不健全的劳动力养活全家。但父母是开明的,知道懂事的儿子的渴望,还是咬咬牙,送他上学。

7岁那年,吴寿国进入旦门小学读书。第二年,轰轰烈烈的文化大革命就开始席卷全国各地, 从城市到农村无一例外渲染着浓烈的大字报、大批判的氛围。热血少年和青年们,纷纷加入这场"革命"中,有的是渴望在这场运动中有所作为，树立"英雄"形象，有的是厌倦读书的枯燥，投入这倍感新鲜的狂热的运动，再不用为学习犯愁，在这场狂热的运动中，学习成绩不再是评价学生的标准，而是看谁的投入最有激情，谁参与的活动最有影响力。青春年少有的是精力与活力，最喜这样的热闹。

受到文化大革命狂热思想的熏陶，吴寿国一面热心于跟着人家后面赶时髦，跟上这个"革命"的潮流，但另一面则有着强烈的学习求知欲望，而不是一味地追赶"革命"潮流而荒废学业。当绝大部分人把更多的精力放在凑热闹，放弃学业赶潮流上时，吴寿国却不忘认真学习，翻阅各类报纸书籍，学以致用，贪婪地沉浸在书海里遨游。

虽然吴寿国和弟弟吴灵通相继出生在中国最困难的时期。家里连解决温饱问题都困难。但是吴寿国父母还是下决心让两兄弟先后就学。父亲吴明富，自幼聪明，却因为家庭极端贫困，没有上过学，大字不识，虽然能干，聪明，但因为没文化，只能靠劳动力吃饭，也饱尝没有文化的苦痛。想着再苦再累也要供孩子上学。

吴寿国从小懂事，对学习有着特别的兴趣。平日里看着门前小伙伴上学去的身影，总是盼着快快长大，可以背着书包上学堂。心里想着那该有多神气，更何况书包里装着沉甸甸的知识，有了知识就可以有所作为，有作为就可以给父母亲减轻负担。

从小看着母亲因为家庭成分原因一直被人看不起，吴寿国幼小的心灵总是想着有一天能够出人头地，让母亲骄傲。虽然家庭贫寒，一年到头总有那么几个月，甚至连温饱问题都没法解决，要靠东挪西借，勉强度日，但看着小寿国对上学的渴望，寿国的父母亲内心非常纠结。父亲虽然自己没有上过学不会认字，但却十分支持寿国上学。无奈自己因为病痛致残，作为一家之长，因为疾病所累，连一个人完整的工分都不能为这个家保证，要靠妻子加倍的辛劳来贴补家用，拖累这个家，内心十分歉疚。所以心里想着让寿国读书，免受像自己一样不认字，如同盲人的痛苦。但毕竟家中贫寒，还得等妻子的一句话。小寿国对上学的渴望，母亲自然也看在眼里。虽然平日里在生活上，因为家里条件所限，对孩子们十分苛刻，身上连件像样的衣服都没有，孩子们因为长期吃不饱，营养不好，都长得像根小豆芽。但母亲心里知道，如果让寿国给生产队放牛倒是可以换点工分，至少可以解决他自己的吃饭问题，为这个家减轻点负担。但是，这只是一时之举，难道就要这样毁了寿国的前程吗？难道就让他放一辈子牛吗？这个家，总不能老是忍声吞气过日子。只有上学了，学了知识，以后才有盼头，更何况，这孩子从小就好学，以后相信也能学得好。于是决定咬咬牙，送寿国上学。当时寿国只有六岁。得知可以上学了,寿国心里别提有多高兴。

在象山县城工作的姨婆平日里很疼聪明懂事的寿国,得知寿国要上小学了,特地在象山县城买了新书包和一件雨衣作为吴寿国上学的礼物。姨婆在县城工作,平日里穿着入时洋气,眼光自然也洋气。吴寿国爱极了姨婆送的漂亮书包和雨衣。比起邻家小伙伴们清一色的军绿书包,姨婆送的书包要漂亮得多,这是一个拼布书包,各色布料和谐地拼在一起,针脚细密,做工十分精致。雨衣上也有卡通图案,色彩鲜艳,很与众不同,这个新雨衣,简直让幼小的吴寿国盼着下雨,让他可以在小伙伴前秀一秀。对于家境贫寒的他,这个书包和雨衣带着多么让人喜悦的优越感呀,仿佛生活的色彩也因此明亮了许多。

上学的前一天晚上,吴寿国搂着姨婆买的新书包激动地好久都睡不着。一直想着母亲在他临睡前跟他说的一番语重心长的话:"寿国呀,按我们的家境,爸爸妈妈是供不起你读书的,你也知道,爸爸因为那场病已经成了残疾,做不了多少工,妈妈还要照顾家里,你下面还有年幼的弟弟妹妹都要吃饭。要是让你在村里放羊,还能赚上70多工,还能养活你自己,帮爸爸妈妈减轻家里的负担。但是,妈知道,你想读书,你爱读书,爸爸妈妈也尝过没有文化的苦,家里再怎么困难,也得让你读书呀。只是,你一定要争气,好好读书,也给弟弟妹妹做个榜样,这样,爸爸妈妈的辛苦也值得了!"懂事的寿国,拉着妈妈的手说:"妈妈,你放心,我一定会好好念书的。我会一边念书,一边帮你干活,照顾弟弟妹妹的。"

第二天一早,吴寿国和院子里的两个小伙伴结伴上学。这一天阳光灿烂,天气还有些温热,夏季的温度还没有完全退去,但吴寿国的心里却是如泉水般清凉,充满了对校园的向往,想象着马上可以和小伙伴们一起,听老师讲课,读书认字,将来可以看懂很多书,年幼的寿国觉得脚底下简直长出了一对翅膀,整个人都要飞起来了。一路上浓密的树荫,那些穿过树枝投影到地上的斑驳的影子也是如此美好。年幼的寿国仿佛也马上要成为这清凉的一部分。好像那校园就像果园一般,有着累累果实,正等着他去一一采摘。

班主任老师是个二十出头的小姑娘,高挑的个子,匀称的身材,白皙的皮肤,看起来十分健康有活力。小学一二年级,吴寿国的成绩平平,毕竟还是个孩子,吴寿国也很调皮贪玩。但虽然上学了,吴寿国也知道上学机会来之不易,学习之余,总是想方设法帮家里多干点。每天一大早,天还蒙蒙亮,吴寿国先把家里的羊赶到山坡上,先吃点草,然后拴在树上,才吃早饭然后急急忙忙赶去上学,等到放学第一件事就是把羊先赶回家,然后做作业。

2.好文

　　虽然出生在贫困家庭，出生在困难时期，但童年毕竟是一个人最无忧无虑的时光。和别的孩子一样，吴寿国小时候也很顽皮，贪玩，上学后，一二年级时成绩一直平平。直到念小学三年级的时候，遇到教语文的邵贤娟，一下子仿佛得到了点化，不仅学习成绩直线上升，更是在这位年轻活泼的老师身上学到了很多让他受益一生的东西。将近50年过去了，至今回想起来，老师的音容笑貌依然仿佛就在眼前。吴寿国感慨，遇到一个好的启蒙老师，确实受益一生。

　　当时的语文老师邵贤娟从宁波师范学校毕业不久，还只有20出头，160左右的个子，微胖，长着一张圆脸，大眼睛，留着利索的短头发，穿着朴素。虽然长得不是很漂亮，但性格非常活泼开朗，脸上永远挂着微笑，仿佛天生长着一副笑脸。在吴寿国的印象里，邵老师不仅语文课教得生动，很吸引孩子们，还能唱歌会跳舞非常活泼。邵老师就像一道明媚的阳光，深深地吸引了童年的吴寿国，让吴寿国的童年有了更多缤纷的色彩，也激发了吴寿国从母亲身上遗传过来的文艺天赋。学校里的唱歌比赛、文艺演出、诗歌朗诵比赛都有他的影子，而且总能获得好名次。这使得童年的吴寿国性格也变得开朗活泼，更加自信，这个永远不会凋零的微笑也一直挂在了吴寿国的脸上，坚毅而安然。

　　更让吴寿国受益匪浅的是语文老师邵贤娟交给他的学习方法，特别是鼓励学生多看课外书，养成阅读的好习惯，积累好词好句，善于灵活应用等，都让吴寿国终身受益。三年级开始，吴寿国的语文成绩突飞猛进，也爱上了阅读课外书，作文水平也随之有了很大的提高。邵贤娟也打心眼里喜欢这个眉目清秀、俊朗，很有文采和天赋，多才多艺的小男孩，也在他身上倾注了更多关爱和疼惜，和吴寿国一家子非常熟稔。吴寿国五年级时，邵贤娟调到另一所小学教书。邵贤娟家境非常贫寒，大冬天寄宿在学校，连一床像样的厚被子都没有。吴寿国的母亲听说后，抱了一床厚被子借给邵老师。这件事让邵老师非常感动，内心温暖。

　　吴寿国是幸运的，小学五年级时，又遇到了生命中另一位对他的成长有着重大影响的老师刘德宗。刘德宗老师30出头，教吴寿国语文和音乐，吹拉弹唱样样拿手。在他的教育和熏陶下，吴寿国更是爱上了音乐。跟着老师学会识谱，吹笛子，拉二胡，这些艺术特长，后来一直点缀着吴寿国的生活，也让他此后的人生因此充满着朝气和更多的色彩。

小学毕业后吴寿国从事生产队劳动不久,听说旦门公社办了初中,终于又有继续求学的机会,让他欣喜万分。有了这个机会,1971 年春节过后,吴寿国正式入学初中。当时的旦门初中 71 级共有学生 72 人,分甲乙两班,吴寿国分在甲班,一直担任班长。那时除了完成学校的功课外,吴寿国利用晚上的时间,阅读了大量的书报,以及历史、古典小说,同时也想方设法借阅了《水浒传》、《三国演义》、《西游记》等名著,如饥似渴地阅读各类书籍,像一块贪婪的海绵,吸收着知识的营养。在吴寿国母亲的记忆里,这个大儿子确实自幼就非常爱看书,学习非常专注。

有一次,母亲出门前叮嘱吴寿国如果发现要下雨,记得把晒在院子里的衣服和鱼干等收进来。结果,天下大雨,母亲不放心地急急跑回家,发现吴寿国果然还在房间里专心做他的作业,根本没有注意外面的天气,更不用说把东西收进来了,看着已经晒干的衣服又被淋得湿漉漉的,快晒透的鱼干也淋了个稀巴烂,母亲当时真想把儿子揍上一顿。要知道那时候,家里每个人最多只有一件换洗的衣服,淋湿了,衣服就没法换了。但看到儿子专注做作业的样子,还是忍住了火气,赶紧自己把衣服收进来,重新洗一遍,吴寿国看着母亲忙碌的背影,内心十分歉疚。

从小学到初中,吴寿国的成绩一直十分优异,也一直是班里的班长,深受老师的喜爱。特别是因为课外阅读广泛,知识面广,文科成绩特别出类拔萃,作文经常得到老师的褒奖,并作为范文在全校范围宣读,文采特别好,还喜欢写打油诗,文思敏捷。有一次学校组织春游后布置大家写一篇作文,吴寿国写的文章让当时的语文老师宋老师赞叹不已,感慨这样的文章高中生也写不出来!还有一次,吴寿国写了一篇国庆 19 周年纪念文章,文章里洋洋洒洒地表了 19 条决心,每一条都振振有辞,很有气势和文采,充分展现了一个有为青年的远大抱负和为国家分忧,为国家强盛奋起有为的决心,这篇洋洋洒洒的优秀范文在整个乡的各个学校里传阅,吴寿国的文采也因此远近闻名。

不仅成绩优异文章做得好,在文化艺术方面,吴寿国也得到母亲的遗传,是一个优秀的文艺人才,在学校的各项活动中都有他活跃的身影,诗歌朗诵,舞蹈,独唱,指挥等一学就会,而且项项拿手,这些都为吴寿国在办企业时,重视企业文化在企业发展的重要作用,并带头实践有着密切的渊源。而在"文化大革命"期间,对正面人物,英雄人物的大为传颂更在吴寿国心中留下深刻的烙印,那时的吴寿国就暗暗下决心:长大后一定要成为英雄人物。

3.迷茫

在那个年代，家庭成分起着决定性的作用。对吴寿国而言，这与生俱来的成分论给他以后的成长戴上了沉重的精神桎梏，甚至，让他喘不过气来。

虽然成绩出类拔萃，深受老师喜爱，同学们的赞誉，但随着年龄的增长，吴寿国幼小的心灵也不断受到外公是国民党保长，是反革命分子身份的伤害，背负着沉重的精神压力，也影响着吴寿国的成长，多次受到沉重的打击。看着其他同学能够穿上绿军装，戴上红袖套威风凛凛，而他只能羡慕地看着，为当时还不怎么明白的成分影响困惑着，苦痛着。无论表现怎样好，成绩如何突出，无论活动如何积极，但是每次评先进，入红小兵都因为这一身份被歧视，排除在外，被远远孤立。甚至在选举出席县好学生代表会议的代表时，也因为这一身份最终被别人取代，加入共青团的申请书也被退回来，而且虽然家庭困难，书学费减免也因此不能安排……

这一桩桩一件件事，伤害着吴寿国幼小的心灵，使得原本一个聪明活泼，有说有笑的孩童，有时变得郁郁寡欢，很多机会都因为这个成分原因被剥夺，总觉得自己低人一等，也正是因为这种压力，吴寿国读书更加用心。在他的内心，立志做一个社会的强人，一个英雄豪杰，出人头地的愿望在一次次打击后更加无比强烈。在他看来，荣誉或许只是暂时的，不是那么重要，重要的是发奋图强，好好学习，只要努力考上高中，考上大学，总会有一番大作为，目前的困难和阻力就当作是忍辱负重的意志磨练吧。所以，他也把更多的精力放在了学习上，学习成绩一直非常优异，在学校两个班级中，成绩始终名列第一。

虽然家中十分困难，但父母还是尽全力支持大儿子念书。吴寿国上小学后，弟弟妹妹也相继上学，家中只靠还不是健全劳动力的父亲一个人赚工分养家糊口，沉重的经济负担可想而知。一家人的温饱问题也时常难以保证。再加上因为家庭成分问题，连申请学校学杂费减免的权利都没有。供三个孩子上学的负担是怎样的沉重啊，这个话题，也常常让吴寿国的父母在夜里睡不着觉。

吴寿国13岁那年，比他小6岁的妹妹也要上小学了，因为家里穷，最多只能供两个孩子上学，向来成绩也不错的弟弟主动提出要辍学，把机会让给哥哥和妹妹，自己还可以干活，贴补家用。于是，弟弟11岁那年辍学，开始给生产队放牛拿工分，贴补家用，放了2年牛，到13岁才重新进入学校。弟弟辍学那夜吴寿国辗转难眠,他为弟弟难过,他知道,他的肩膀上已经担负了弟弟和他的双重使命,就是一定要念好书一定要出人头地。他的成绩一直名列在年级的前茅。随着日子的一天天过去,很快他小学毕业考上了初中,在假期的那段时间里,他想了很多很多:自己的家境现在就已经够不好的,要是继续读初中,就会给家里带来很多的负担,父母亲也会背上更多的债,弟弟已经因为自己没有机会上学了,况且他还小。假如自己不上学而外出打工,既能减轻家里的负担,同时也有钱来供弟弟读书,这样岂不是更好?深思熟虑之后,他开始找时间向父母亲道出自己的想法。

有一天傍晚,天气显得格外的凉爽,在微风的拂送中,天空渐渐地伸出了它漆黑的双手。当大多数的孩子都已经洗澡吃完饭躺在父母的怀抱里或是趴在窗前,望着星空享受着快乐童年时光的时候,他们俩兄弟和父母才刚忙完农活回到家里吃晚饭。在一顿简单而平淡的晚饭后。吴寿国说道:

"爸,妈。我想跟您们说个事。"声音里带着几丝疲惫。是啊,忙了一天,换做是谁,会是这样呢?更何况他还是个孩子。

"侬啊(宁波话,你的意思),有什么事就说吧!"父母俩不约而同地回答。

"爸,妈,我打算不上学了,在家和你们一起干活,让弟妹上学。"话里略带着几分无奈与不舍。

听了这话,父母俩都沉默了。

这时候父母俩感到欣慰的同时也感到心酸,欣慰的是能有这样一个懂事的孩子;心酸的则是因为家境不好,又一个孩子面临辍学。

但想到那个决定,父亲抬起了头,哽咽了一下,轻轻地说:"孩儿呀!爸妈都能理解你的想法,但是你不能不上学。弟弟已经没有机会读书了。爸妈不希望再看到这样的结果。爸妈这一生没读过几个书,也没啥文化,所以只能在村里耕种着几分农田来维持着生活。现的社会,只有有了知识,有了文化,才能有好的出路,才能过上好的生活。虽然咱家穷,但你也要继续上学读书,灵通也一样,最起码爸妈要尽力送你们兄弟俩读完初中,懂吗?你不上学,难道你想和爸妈们一样,一生就守在那几分农田旁,过着吃了这一顿担心下一顿的生活吗?如果你真的想改变咱家的状况,就安心地上学努力读书吧,学费你就不要担心,爸妈已经给你凑好了。"那声音有些低沉,说完他深深地吸了一口烟。

"是啊,阿多,你就听爸的话,现在什么都别想,等到开学了你就安安心心地去读书,家里还有灵通他们在帮忙呢,放心,哦!"母亲也支持地说。

听完父母亲的话,吴寿国心里感动万分,不禁潸然泪下,泪水顺着稚嫩的脸庞缓缓地滑落……他,哭了,那泪水苦涩苦涩的,像是多少年来那些希望凝聚成的结晶。他清楚，上初中意味着什么，需要学费，需要学习用品，尽管加起来也就十几块钱，但那个时候，一天只能赚几毛钱，两三块就是大笔钱了，更何况像吴寿国这样的家庭来说，将意味着什么。他想了想，用手擦去那苦涩的泪水，说："我还是不读了吧，这样会给家里增加负担的，弟弟也会因我而不能上学……"

还没有等他把话说完，父亲就打断了他的话语。

"这个你就不要担心，爸会和你妈想办法的。不仅你要上学，而且灵通也要上，知道吗？好了，妹妹可能洗澡好了，你也累了，还是快去洗澡早点休息吧，明天还要干活呢！就不要再想这事了，听妈那句话，等到开学了，你就安安心心地去读书，知道吗？"父亲边说边抚摸着他的头。

父亲这么一说，他再也没有说什么了。

"那我去洗澡了。"

"去吧。"

他"嗯"了一声便洗澡去了。

那天晚上，弟妹们累得早已沉睡在梦中了。然而他却迟迟没有合眼，他只是躺在床上，静静地想着，回想方才父母亲的话，他再一次落下了感激的泪水。他想，既然父母亲都那么支持自己读书，要是上学的话，一定要努力学习，不要辜负了全家人对自己的希望。想着想着，他也渐渐地沉入了梦乡……

第二天，兄妹几个像往常一样早早便起了床，吃完简便的早饭后都和父母亲干活去了。

家庭的困难，读书的不易，让吴寿国更加珍惜在校的学习时光。他的脑海也经常会浮现父母辛苦劳作的背影，弟弟为了他放弃学业在山上放牛的场景，这些心酸的场景，让他年幼的心里无数次地暗暗下决心，一心把书念好，将来考上大学，让一家人过上好日子。

读初中时，因为还有较多的人有的是因为家庭困难，有的是父母没有眼光不让孩子去读书，因此社会关系的限制还不十分明显。让吴寿国庆幸的是父母的开明，看到吴寿国如此爱读书，想方设法跟干部说好话，才如愿让吴寿国上了初中。

时间过得很快，转眼间开学了。吴寿国在父母亲的支持下，跨入了中学校门，带着全家人的希望，开始了他的奋斗历程。弟弟也高兴地继续上小学，妹妹照样在家里帮父母亲干活。他们没有怨谁，也没有妒忌谁，因为他们很清楚，凭自己的家庭状况不可能每个人都能如愿继续上学读书，况且，父母亲也已经尽力了。

由于家距学校比较近，就在本村，尽管在村里，可人家的孩子上学骑自行车到学校，而吴寿国就徒步，还经常回家，帮父母亲干点家务活再去学校。他很节约，父母亲给他一些钱到学校当零用钱，但吴寿国除了买一些学习必用品外，从不舍得买零食吃，剩下的存起来，拿去买学习方面的书籍，或是带回家交给父母亲，一块钱至少要花两个，甚至三、四个星期。他心里明白，这些钱来之不易，是全家人用汗水换来的，所以不能随便花，那样会愧对于家人。

有时星期日也要在校学习，吴寿国带着母亲给他蒸好的馒头，数了数，足足有十个，十个馒头是吴寿国三天多的主食。母亲总是嘱咐："多带些，听到没？咱吃不好，一定要吃饱。"

"放心吧妈，知道了。"其实母亲不知道他还经常偷偷把馒头分给弟弟妹妹。

为了供吴寿国读书，母亲舍不得吃穿，从没买过一件内衣，一件棉衣，吴寿国看在眼里，却毫无能力去改变。他把馒头放到布袋子里，到学校之后打上一毛钱的汤，一毛钱的菜，在汤里泡一个馒头，就是一顿饭。

吴寿国家里养了两头猪，几十只鸡，因为它们几乎就是学费所在。周末的时候，吴寿国就要带妹妹到山上去砍柴，晒干后挑去集市里卖。家里的生活还是清贫的，有时一个月还吃不上一顿猪肉，而一到冬天，他们家几乎都是靠吃腌菜过日子了。有时候吴寿国看到年幼的妹妹有些发黄的脸色，心就像打翻了五味瓶，说不出的滋味。

吴寿国穿的衣服比较土气，有时还打着补丁，那是他爸爸以前穿过的衣服，然后经妈妈改制而成的。妹妹的衣服裙子大多数是吴寿国给买的，因为那是吴寿国每次卖木柴、卖鸡蛋、卖菜时慢慢积累下来的钱。因为吴寿国认为男孩子穿着打扮无关紧要，而女孩却有着爱美的天性。虽然这些衣服都是在地摊上买的，但妹妹穿起来真的很漂亮。

最省的一个星期只花了三块七毛钱。就在那个星期他足足吃了四天的腌山药，以至于后来看到它就恶心。吴寿国常有一个奇怪的想法，吃是最不重要的，因为吃了就到了肚子里，看不到摸不着，所以填饱了就行。从来不懂得，吃不只是为了填饱，还为了长身体，补营养。但那时又怎么会有吃好的条件？

一个学期过得很快，新学期老师又要催他交学费了，虽然才几块钱，但他怎么也难于开口向家里要。那次到家之后，他一直不敢说这件事，几块钱对他这个五口之家来说已不是一个小数目。有一次，又到了星期日下午，他倚在门框边上看着院里，父亲正在晒玉米，看着父亲满头大汗气喘吁吁地干活，吴寿国哭了，他是真的开不了口。

父亲可能看出他有什么事，便问："寿国，都几点了，你怎么还不走啊？"

"我，我不想上学了，呜…"不知道怎么想的，吴寿国当时就是想不上学了。

"咋了？在学校有人欺负你了？"父亲停下手中的活计，冲着他说。

"没有，我…"吴寿国的牙齿有点打架，可就是说不出口啊。

"那咋好好的不上了？"父亲接着问他。

他只好如实说了。最后还是母亲拿出钱。

父亲的身体越来越差了，到了冬天愈加得明显。那腿在冬天的时候不能下冷水，虽多次去医院检查，但医生说是劳累所致。

浙东的冬天很冷，吴寿国每天都是5点多一些就起床烧火做饭了，因为他还要徒步赶往学校上课。每次他都会用小铅盒装上些饭菜到学校中午吃和妹妹一起吃，这样就可以省些伙食费了。冬天的饭菜有些冷，比较硬，吴寿国常常独自一个人在角落里吃饭，虽然大多数老师跟同学都也很理解和同情。但吴寿国始终认为，自己的人生依赖同情是无法生存的，所以一直以来，他都在努力学习，因为他很渴望通过自己的努力，让父母、弟妹能过上幸福的生活。

他学习很刻苦，成绩在班上一直很优异，多次被评为"三好学生"和当时学校里向解放军学来的特有的"五好战士"等荣誉。在老师的眼里，他是个品学兼优的学生；在同学的眼里，他是个诚实朴素的同学；在村里人的眼里，他是个懂事的孩子。吴寿国在学校也喜欢运动，打篮球、乒乓球、羽毛球、跑步等等。常常参加学校或者各个班级组织的文艺晚会，喜欢唱歌，有时候也会演演小品什么的。有时也写写文章，写一些抒情散文。他跟老师同学们相处都非常融洽，尤其是和班主任老师。

光阴荏苒，日月如梭。两年的时间很快过去了。吴寿国也没有辜负父母的期望，初中毕业升高中，吴寿国考取了全年级两个班的第一名。在两个班72名同学成绩最好，但是72人中，上高中的名额只有9个，吴寿国是班长，如果按照成绩，吴寿国也完全能名列其中。然而，老天再次捉弄了吴寿国，不公平的黑云再次降临在他的头上。当时是社会关系一票否决。成绩再好，因为外公的身份影响，他还是失去了升高中的机会。得知结果不可更改的那几天，吴寿国苦闷之极，心里特别难过。原想着能以优异成绩考取高中，然后考大学，但是念高中的机会都被无情地剥夺，以后又怎有机会考大学，实现自己的理想抱负！那一次，吴寿国哭了！哭得伤心欲绝！他真的不知道该如何是好！全家人也都在为他落泪，望着泣不成声的妹妹，吴寿国的心颤抖不已。然而哭过之后他毅然地作出了选择——先回生产队劳动，赚点小工分或者找机会外出打工，为家里减轻负担供弟弟妹妹上学读书。他已经下了决心。

因为他看到：在这两年里,全家人都为了他而付出了很多,尤其是父母亲,每天的劳累,已经变得苍老了很多,他看在眼里,痛在心里。他不希望再给家里添加负担,父母的愿望,他想通过弟弟去实现。他要用自己的肩膀和父母一起扛起这个家。

在他的再三坚持下,父母亲也就同意了。

接下来的日子,由于正值早稻收割的季节,吴寿国参加了生产队的收割,酷热的阳光晒在他的身上,他满头是汗,但从不叫苦叫累,虽然只是十几岁的孩子,但干起活来跟村里的年轻人一样,充满朝气! 到了农忙过后,早稻都收割完了,流火七月来了,吴寿国准备跟随一个远房表叔去舟山海岛打工。表叔是一个修船匠,他想到那里学门工艺。

在准备离开家的那一个夜晚,他失眠了。眼泪哗地流了下来,这是他又一次泣不成声,放声痛哭。自己所经历的点点滴滴就像潮水般涌入脑海,他不知道这世界上是否真有老天爷的存在, 可为什么不幸偏偏一次又一次降临在他的身上? 为什么? 为什么?

第二天一大早,吴寿国来向爸爸妈妈告别,久久不愿离去。因为他知道:这一次出去,要好几个月才能回来。当收拾好行李再一次来到学校时,他突然发现校园的一草一木是如此的美丽,让他的步伐变得异常的沉重。在学校的操场上,他跟妹妹说的话不多,只希望她好好学习,要好好照顾自己。因为吴寿国知道,说得越多心里就越难受,他不想在妹妹面前流泪。他没有再去向老师和同学们道别,因为他实在不想让他们看到自己内心对学习的渴望和对学校的留恋!

阳光没有了,田地里一片荒芜,野花在黑色的七月中没有芬芳。在天边一片乌云下,他背着沉重行李和表叔一起踏上前往舟山的路途,他要到那里去赚点钱回来买工分,为家里增加点收入。吴寿国开始了他人生的第一次打工生涯……

第三章　谋生篇

1.曲折

　　16岁初中毕业的吴寿国，不仅心智上比一般的孩子早熟，体格也很健壮，能够挑100多斤的担子了。种田，割草，也是一个能手，但在他心里一直埋藏着求学梦，认为自己不可能一辈子和土地打交道。

　　原本初中毕业，按母亲的心愿，家里再怎么困难也要供儿子再读上去，古人说人穷志不短，更何况孩子成绩这么优秀。看着一直酷爱读书，成绩优异的孩子因为自己的原因不能继续升学，母亲心里也非常难过，非常愧疚。好在吴寿国初中的老师非常看重这个有出息的学生介绍他到双桥小学代课，这让母亲在伤心之余，有了些许的安慰。

　　能够得到老师赏识代课，也是与做学问有关的事，让吴寿国原本灰暗的心又燃亮了希望。吴寿国想起了那句话："天将降大任于斯人也，必先苦其心志，劳其筋骨！"吴寿国在心里暗暗地勉励自己，要沉得住气，千万不要放弃。他先是在双桥小学代课两个月。过完年又转到王家栏小学代课。一个教室三个班，一二三年级就他一个人教。一个人住在很荒僻的破房子里。但是吴寿国没有在意这艰苦的条件，教书之余，埋头看看课外书籍，生活倒也过得单纯而充实。吴寿国的学识和踏实能干很让老师喜欢，想让他长期教下去。

　　母亲得知后非常高兴，她深知，这也是孩子喜欢做的事情。于是吴寿国的母亲满心欢喜地准备了脸盆等生活用品，让吴寿国挑去。但是要长期教书的话，需要大队批准。最终大队还是因为成分问题没能批准。看着孩子孤身一人住在荒郊破旧的房子里，而且也不可能有转正的希望，终究是个过渡的活，不可能让干一辈子。母亲看在眼里疼在心里，跟吴寿国说："我们是做农业的人家，人家即使共产党的孩子书读出来也是做农业的，你想想这个也不会觉得吃亏了。你爸爸是干净的，但是我这个成分是脏的，洗也洗不干净，你也只能认命了！"

母亲的这番话让吴寿国受到不小的震动。16岁的孩子，是个活泼开朗健谈的人，却因为成分关系没能上高中给他沉重的打击，性格也变得郁郁寡欢，不大说话。母亲也因此非常内疚，为了弥补内心的歉疚，嘴上虽然说当农民没什么，但是心里千方百计想着不让吴寿国当农民。

17岁那年，附近的乌岩村看重吴寿国的学识和稳当的性格准备让他去当会计，开始说得好好的。吴寿国知道后也特别兴奋，想着自己的才能终于可以发挥了，也不枉读这几年书。一切都准备妥当，就等第二天出发了。但就在前一天晚上，村里领导又不让他去了，这件事无疑是雪上加霜，让吴寿国又一次陷入苦痛中。

母亲知道自己的儿子从小聪明，待人诚恳和气，爱读书，确实也不是做农业的样子，于是决定还是让儿子去学木匠，学门手艺活，也能帮家里一把。

但是，在那个惟成分论的年代，连学手艺也是如此艰难，很多人一听说吴寿国的成分，就怕受到牵连，都不愿收这个徒弟。母亲四处求人，到18岁那年，好不容易有个姓谢的师傅愿意带吴寿国。学徒的生活是单调而辛苦的，每天吴寿国一早起来先把师傅家水缸的水挑满，然后帮师傅带孩子。忙碌的空隙里，师傅才会教上几招。

母亲对这个好不容易愿意接纳孩子的谢师傅是极尽讨好，每天父亲的第一网鱼里，最好的总会挑出来送给师傅。师傅的母亲生病住院，吴寿国的母亲就上医院帮忙护理，就是希望师傅能够不嫌弃吴寿国的成分好好带这个徒弟。

但是吴寿国一心想读书，做个读书人，对学手艺始终很排斥。之所以去学，完全是为了母亲的一片苦心。但是心里一直是不情愿的，因为不甘心当木匠一辈子，学得也心不在焉，随便应付一下，虽然只是应付，但也十分辛苦，挑水、带孩子、种田，处处要尽到一个学徒的职责。但即便是吴寿国尽职尽责，母亲对师傅一家极尽讨好，学了两个月不到，还是因为当时的一次清理阶级队伍行动，木匠也不给学了，被退回来了，这让母亲难过万分和无奈！什么时候，才没有成分论？什么时候才能翻身，啥时才能摘掉这个帽子？当时图得家里人能吃饱就好了。当时生产队工分按照劳力分，父亲残疾，分不到十分，母亲只能算五分，一日三餐温饱都有问题。只有指望着孩子们有出息，为家里分忧。

眼看着木匠也做不成，学手艺不成，吴寿国只好先回到农村做农民，但收入很低。吴寿国想着读书不成，作为家中的长子总要多挣点钱贴补家用，于是想外出打工修船，但又需要大队打证明，因为成分问题，队里打证明也费尽周折，连外出打工的权利都没有。母亲为此哭了很多次，因为自己出身问题害这么出色的儿子，书念不成，打工的权利也被剥夺。但是这一切，在这样的时代背景下都无法扭转。

家里的境况因此也一直很艰难。吴寿国记得有一次，母亲让当时只有12岁的妹妹到15里外的地方去做年糕。想到马上能吃到白白糯糯的大米年糕，妹妹心里非常高兴，不禁加快了脚步，一路上哼着快乐的小调，等到了做年糕的地方，发现队伍排得很长。等妹妹排到的时候，刚巧前面一个用高粱米做年糕后，机器里还残留着高粱米的颜色，因为只有一升米，做出来的年糕几乎都是红红的，妹妹见状，痛心不已，家里好不容易积攒了一斗米，结果做成了红年糕回来，肯定要挨母亲骂了。妹妹一路上哭过来，到家时，已是眼睛肿肿。母亲见了果真非常生气，抬起手来就要打女儿，吴寿国听到妹妹哭声，出来看看妹妹手中的年糕一下明白了，他马上一边劝母亲，一边把妹妹搂进怀里："妈，不要怪妹妹了，她来回走了30里路已经很累了，这个年糕弄成这样也不是她的错。不要怪她了，我们喜欢吃这个年糕。不介意的！"接着，吴寿国又安慰还在怀里啜泣的妹妹："妹妹，别哭了，哥给你赚钱去买！"看着哥哥肯定的眼神，妹妹止住了哭声，母亲也在一边抹起了眼泪。在妹妹眼里，长她6岁的哥哥，也像慈父一样，是她的靠山，无论遇到什么事，只要哥哥在，就觉得心里安稳踏实。

话虽这样对妹妹说，但吴寿国的心里是不踏实的，无法外出打工，单靠下地劳动，要等何时才能改变家里的状况啊！平日里家里靠吃番薯干度日。特别是4、5月份小麦还没黄，青黄不接的时候，家里经常要靠借粮食度日。因为经常借，附近的邻居已经不给好脸色，不情愿借了。自己人吃番薯干也就罢了，偏偏母亲很要面子，要是客人来，宁可贴脸孔，也要去借粮食招待客人。有一次，母亲在村里干活时，远远地看到姨父和表弟向这边走来，不禁为招待他们而发愁。家里已经没有米了，附近的邻居也不肯借了，母亲赶忙打发吴寿国去借，后来走了好几户，好不容易才从远房亲戚那里借来1升米，勉强招待客人。回忆这些时，仿佛儿时的记忆近在眼前，叙述是平和的语速，带着微笑的，但这微笑是过来人的微笑，是百转千回，柳暗花明以后的自嘲，叙述里仍能感受到当时的辛酸。

18岁，该是担当的年纪。吴寿国在生产队里做过仓库保管员、记工员。后来经过百般争取，说尽好话，再加上在生产队的良好表现，吴寿国终于可以在农闲时，休渔期期间，去宁海、石浦、沈家门等地修船打工，可以多赚点钱贴补家用了。

一幕幕往事的回忆也勾起了吴寿国久久深埋在内心深处的秘密。这个秘密已经埋藏了30多年，从未对他人提及过。当时吴寿国在家当农民，因为有文化，人也稳重，在村里当仓库保管员，农闲时外出修船，可多赚点钱。20岁那年夏天，又要外出修船了，要带点干粮去，才发现家里一点粮食都没有了，米缸空空如也。吴寿国平日里知道家里困难，准备干粮时，才知道原来是如此困难。当时弟弟打工在外，也照顾不到父母，又恰巧是青黄不接的时期。想着自己离开了，而且一去就是好几个月，父母没有粮食怎么办。从来没有做过小偷小摸的事，一直是别家孩子学习的榜样，那时候的吴寿国迫于无奈，动起了集体的粮食主意。想起仓库里还有十几斤陈年小麦，刚好可以挪用一点救急，于是利用仓库保管员之便，偷了几斤小麦到家里。这件事虽然谁也没有察觉，但却一直压在吴寿国的心头，从开始的提心吊胆，到后来的负罪感，一直有一个心里包袱压在心头。"这件事在我心里埋藏了 30 多年，从没有告诉过别人，今天终于说出来了！当时实在是没有别的办法了！真的！"这一刻，他的眼神无比清澈，读得出无奈，也读得出担当。这大概是他 50 多年来做过的最欺疚的事。因为懂得，所以慈悲。在倾听叙述的过程中，也慢慢解读了一个有容乃大的吴寿国。

农闲在宁海船厂打工，收工后，别人都出去玩，打发着日子，唯独吴寿国哪里也不去玩，就安静地在煤油灯下看书。在他心里一直没有放弃过读书梦，当农民，当工人只是暂时维持家计的谋生手段而已，绝不是一辈子的追求的日子。所以，每天劳累之后，夜深人静时，在煤油灯下看书时，才是他内心最安宁的时刻，充满了对未来的憧憬，日子虽然艰苦无望，但是未来，只要肯努力，就可以有未来，机会掌握在有准备的人手里。他总是这样勉励自己，给自己打气。船厂里的人也都觉得这个孩子有出息，跟一般人不一样。厂里不少人还跑到母亲那里夸吴寿国，说这孩子有出息，很多女孩子都很喜欢他。

2.阵痛

1977 年春末，当时还在宁海船厂工作的吴寿国，收到了母亲的来信，这封信，让他欢呼雀跃。信里大致说，前几天，吴寿国的同学吕运来来过家里，想告诉他，现在恢复高考了，让他赶紧回来复习迎考。母亲知道儿子的心里还惦记着这个事，赶紧写信给他。

这封信无疑又点燃了吴寿国心中的希望。此刻，天空是如此蔚蓝，白云朵朵，有飞鸟在翱翔，吴寿国

不禁对着天空吹了一声响亮的口哨，一直来压抑的心情仿佛如同天边的白云般舒展开来，多想，多想有天空一样的天地，自己就像那只飞鸟，能飞多高就有多高呀！

吴寿国也打心眼里感谢这个好兄弟吕运来能惦记着他，为他送口信来。吕运来初中和吴寿国同校，要比吴寿国高一届。人很聪明，成绩也很好，初中毕业后在吴寿国家边上的旦门中心小学教书，经常住在吴寿国家，关系更加密切，两人是最好的知心朋友，亲如兄弟。吕运来家比吴寿国的家更穷，读初中的时候，因为个子蹿得快，家里没有裤子穿，冬天的裤子也只能盖到膝盖，长得十分瘦小，但头脑非常聪明。吕运来家里确实没有吃也没有穿，住在非常简陋的茅房里。吴寿国清晰地记得，有一年冬天，他住在吕运来家里，半夜里下起了雨，半夜冻醒才发现整个被子都湿透了。

吴寿国的父母知道吕运来家的境况，非常同情这个聪明好学的孩子，都当吕运来是自己的孩子一样看待。吕运来也一直当吴寿国的妈妈就像自己的妈妈一样亲近。每次吕运来来家里，总是当客人一样招待，非常关心他。吕运来成绩和吴寿国一样，一向优异，初中毕业后，根正苗红的他考入高中，高中毕业后一直当民办教师。1977年，听到高考恢复的消息，他马上想到了吴寿国，准备和他一起复习迎考，将来还能一起上大学。

收到母亲的信后，吴寿国马上赶回家，开始整天把自己关在家里全力备考。他知道别人是高中毕业参加高考，他是初中毕业参加，好在这些年来，他一直不曾放弃学业，一空下来就看书，不让自己闲下来。为了备战期待已久的高考，吴寿国足不出户，铆足了劲，向高考冲刺。

参加高考需要所在的生产队盖章。又因为吴寿国外公的身份，这个章本来还不给盖，是母亲说尽好话，同时顾及吴寿国一直来的表现，才勉强给盖了。母亲为此终于松了一口气。

高考前，吴寿国的母亲专门杀了一只平日里舍不得吃的老母鸡，给吴寿国和同学吕运来补补，特地在他们碗里，一人夹了一只鸡翅膀，寓意考上大学"飞出去，越飞越高"。

那一年，吴寿国自我感觉成绩考得不错，应该上了分数线，但是却始终没有等来录取通知书。同学吕运来倒是考上了杭州大学政治系。吴寿国看到吕运来考上大学，一方面为好朋友高兴，一方面有着很强烈的失落感。吕运来也为好朋友感到惋惜，痛心。一个很优秀很聪明的人，就因为成分问题被录了另册。很多权利都被剥夺。那个年代，上大学是每个年轻人梦寐以求的理想。可是吴寿国却从一出生就注定了他不可更改的命运，在那个唯成分论的年代，个人的力量是多么的渺小啊！上初中时，吴寿国和同学吕运来还有李宪国三个人就非常要好，经常在一起玩，一起探讨理想。初中毕业后也还经常在一起。吕运来在大学里读书的时候还曾经以三个人的友谊为原型创作了一篇小说，记录三个人儿时在一起的快乐，难忘的经历和友谊。孩提时代的友谊总是如此纯真让人铭记一辈子。可惜后来遗失找不到了。但是这份友情却一直持续下来，直到今天还是最好的知己。

1977年吴寿国参加恢复后的第一次高考，虽然，自我感觉考得不错，但始终没有等来录取通知书，虽然知道多半是成分关系的影响，但是因为没有公布录取分数，不知道是不是也有可能成绩没有上。

于是，不甘心的他利用空闲时间，继续刻苦复习，一心想再试试。他多么想考上大学，离自己大干一场的梦想近些，更近些。1978年，经过又一年复习的吴寿国去参加了高考。结果整个乡里，20多人参加高考，就只有吴寿国一个人上了分数线。他还清晰地记得当年的分数，考得最好的两门是政治和语文。政治96，语文92分。

明确上了分数线后，吴寿国惊喜万分，就天天盼着传来好消息，开始憧憬着大学生活，憧憬着上了大学，继续好好学习，用知识武装自己，开拓自己的一片天。每每想到这，每天干活也更带劲了，常常会情不自禁地哼起歌来。

但是，一天天过去了，却一直没有等来录取通知书，吴寿国的心情也一点点黯淡了下去。后来也最终没有被录用。那段日子，是吴寿国感觉最灰暗的日子，整天把自己闷在家里，看不到前面的路。他不知道这个成分的影响难道要左右他一辈子吗？

看到吴寿国如此伤心，母亲的心都要碎了。要是吴寿国不是读书的料也就罢了，但是偏偏这孩子这么喜欢读书，又读得如此好，最终还是因为成分原因，连高中也上不了。还是因为成分原因，考上大学也不让上。虽然之前一次次地伤心过，但这一次这个结果让母亲最感忧伤，觉得太对不起儿子，儿子那么爱读书的人，就因为无法更改的成分问题毁了儿子的前程。这也是母亲心里一辈子最大的隐痛。

大儿子的遭遇，让父亲也彻底灰心。二儿子吴灵通初中只读了半年，父亲便不给读了。在父亲眼里，大儿子吴寿国这么爱读书，成绩这么好，都没让上高中，书读得好又有什么用，更何况，二儿子的成绩也一直没有哥哥好，还不如早点打工赚钱，减轻家里的负担。所以，吴寿国的弟弟吴灵通只念了几个月初中便辍学，外出打工了。

虽然时隔多年，两个儿子都很有出息，让母亲引以为豪，走出去，大家都很羡慕她培养了这么两个优秀的儿子。但是，那天，时隔30多年以后，当我们走进旦门村的整洁村道，绕过村口的那棵苍翠的老樟树，来到吴寿国父母居住的地方，探访吴寿国的成长故事时，一开始采访，一聊到吴寿国，吴寿国母亲的眼眶马上湿润了："就因为我的爸爸是国民党，这个身份让吴寿国苦了大半生啊！"

说起吴寿国因为外公的成分无法上大学时，母亲仍然唏嘘不已，不住地抹起了眼泪。这个9岁丧父，背着父亲成分被人鄙视的重负，在中国最困难的时期拉扯大三个孩子的勤劳坚韧的母亲，培养的两个儿子都是象山县城里响当当的企业家。已安享晚年的母亲，打开陈年往事，在我们来访时，一说起大儿子二度高考都因为外公的成分无法录取的事，还是自责万分："我们家寿国，那么爱读书，成绩那么好，都怪我啊！都怪我！"父亲见了，马上递上纸巾，安慰母亲"现在不是挺好了吗？不念大学也照样很有出息！"良久，母亲才止住流泪。虽然孩子的出息已经给她安慰，但是如果不是这个成分问题，他知道，酷爱读书的儿子会少走多少弯路啊，少受多少辛酸啊，做母亲的能不心疼吗？

二度高考的打击，虽然让吴寿国感觉到前所未有的苦痛，那种无论怎样努力都越不过去的坎就这样横亘在那里。上大学这个理想是无法实现了。但是毕竟，至少第二次高考，明确上了录取分数线，这也给了吴寿国很大的信心，觉得自己一个初中生，并不比高中生差，知识的功底在，总有一天能够发挥出效用。1979年，吴寿国知道因为成分问题即便考上也没有用，就彻底放弃考大学的想法。

苦难的历练，一次次击打，不知道何时起让他有了如此强大的内心，挺过了一个个人生的坎！一直向前看！虽然被迫放弃了考大学的想法，但在吴寿国心里并没有放弃自己的理想：做一个出人头地的人！他也始终坚信，只要自强不息，总有一天能开拓出一片属于自己的天地！

第四章　爱情篇

1.初识

　　1979 年,吴寿国 22 岁那一年,好友吕运来家造房子。作为好友的吴寿国自然热心去帮忙。因为吕运来家里没地方住,就住到同在松岙的同学朱善雄家里。朱善雄和吴寿国是同在旦门中学就读的初中同学。朱善雄擅长数学,吴寿国语文拔尖,两人都是班里数一数二的尖子生,在学校里都很有名气,两人相互欣赏,关系也很不错。

　　就在那一次,住在朱善雄家中的吴寿国遇到朱善雄的妹妹朱玲妹。那天,吴寿国收工后来到朱善雄家,朱善雄马上出门热情地迎接他,吴寿国看到跟在朱善雄身后还有一个女孩好奇地打量着他。

　　朱善雄马上向吴寿国介绍:"寿国,这是我的小妹朱玲妹,也在我们的学校旦门中学念书。"然后他又对朱玲妹说:"小妹,这位就是我常提起的同学吴寿国,成绩好,文章也写得可好啦。"

　　眼前的朱玲妹,扎一个马尾辫,皮肤白皙,质朴纯真,学生气十足,架着一副眼镜,羞涩的神情,眼镜后清澈的眼神,美丽清秀的朱玲妹让正当青春的吴寿

国眼前一亮，内心起了涟漪。读书期间，吴寿国一直沉浸在学业里，为理想抱负而读书根本没有别的心思。初中毕业后，作为家中长子的吴寿国小小年纪就开始分担家里的生活重担，四处谋生，承担一个长子的责任。干活的空暇里亦沉浸在书海里，看书阅读，一心想着考大学，实现自己的理想抱负，根本就没有留心身边的女孩，更没有谈恋爱的想法。但眼前的朱玲妹却一下子拨动了他的心弦，让向来遇事沉稳的他一下子紧张起来，心砰砰直跳，难道这就是书中常说到的一见钟情吗？他好不容易按捺内心的激动，向朱玲妹微笑着问好。朱玲妹羞涩地微笑了下，眼前的吴寿国，国字脸，充满青春活力，却又显得成熟稳重，一脸诚恳。之前，朱玲妹不仅常常从哥哥嘴里听到吴寿国这个名字，还经常在学校里听班主任提起吴寿国。朱玲妹现在的班主任，曾经也是吴寿国的老师，经常说起吴寿国文采好，各门成绩都很好，还念过他的文章，给她留下了深刻的印象。当这个人真正出现在眼前时，朱玲妹不禁有点心动，心动又害羞，见过吴寿国，马上回到自己房间。晚饭时，朱玲妹时不时偷偷地观察着吴寿国，感觉他说话做事都非常沉稳，留下了不错的初印象。

松岙离旦门很近，那时候，吴寿国正在做木匠，每天晚饭后，总是溜到同学朱善雄家向朱玲妹借书看。过年过节，吴寿国也总是会去同学朱善雄家走动，和朱玲妹聊上几句。这个清秀的女孩在他的心里越来越占据着重要的位置，原来喜欢一个人的感觉如此美妙，让人牵挂，浮想翩翩。但一想到自己的家境，想到自己的家庭成分可能给朱玲妹带来的牵连，又陷入深深的烦恼和自卑中。但是爱情的种子一旦埋下，就抑制不住地生根，萌芽。在平时的相处中，吴寿国也能暗暗地觉察朱玲妹对他的喜欢。

吴寿国曾经半开玩笑地跟朱玲妹的哥哥朱善雄说："你妹妹高中毕业后不要找别人，就跟我处对象吧。"话虽这么说，两人虽然互有好感，却一直没有捅破那层纸。但是吴寿国三天两头来家里，让朱玲妹的母亲也察觉出了端倪。吴寿国这个小伙子，稳重踏实可靠，她是打心眼里喜欢的，但是毕竟吴寿国家里条件太差，还有特别的成分，女儿会跟着受到歧视，过苦日子，作为母亲是舍不得的。

朱玲妹高中毕业后在学校里代课，很快就有人介绍对象。不乏有手艺的、供销社铁饭碗的，也有教书的，条件不错的人。但朱玲妹对这些人都没有感觉。

朱玲妹也能感觉到吴寿国一直很喜欢她。人是好的，很聪明也很有才学。但吴寿国却一直没有明说，一边是母亲的压力，一边是吴寿国不够坚定的表示，让她的内心也很纠结，于是她还是决定试探下吴寿国。

有一天，吴寿国照例到朱玲妹家还书，朱玲妹突然对吴寿国说："你以后别来了,别人已经在说闲言碎语了,说你跟我在找对象,传开来影响不好。再说因为你成分不好,这也不能去,那也不能去,对你打击很大,要是在恋爱上也遇到挫折的话,会更痛苦。"吴寿国听后跟朱玲妹的哥哥说了:"你母亲说我和你妹妹在找对象,让我不要再来你家了。我听你妹妹说后,昨晚一夜没有睡。"

原来朱玲妹的父母亲打算把朱玲妹嫁给家里条件不错的表兄,但是朱玲妹不喜欢。有一次朱玲妹得知父母亲要把她许给表兄时,朱玲妹寝食难安,就在春节过后的正月初五晚上,天下着大雪,朱玲妹把这件事情告诉吴寿国。吴寿国听后感慨万分,尽管满天大雪纷飞,但他却已感到春天正稍稍走来,一切充满了新生的希望。而青春里,难道不应该为它谱上爱情的音符吗?爱情该是青春里的一个主旋律,让人对生活更加充满憧憬。吴寿国终于按捺不住内心一直来的情感,终于他给朱玲妹写了一封信,这也是他第一次如此坦白自己的内心,焦灼地等待着对方的回应。事实上,这几年来,虽然彼此没有明说,但是神情言语间已是如此默契两心知。

玲妹:

又一次离别此地的时候,内心啊,是这样起伏;热血啊,是这样沸腾,对啊,在这里,就是这里,曾和一个漂亮而可爱的……

春天是这样的温柔,阳光是这样的暖和,人们的心房呀,将胜过它一千倍,一万倍!

谁不晓得光阴似箭,哪怕是贪世鬼也曾这样觉得。一个春天又一个春天,难道人生就如此消逝?一场春梦接着一场春梦,难道让青春就这般虚度? 想到了往四处求路,都是蜘蛛网密布,欠一个提灯的人来引路。展望前程何等锦绣,四顾世路多么曲折,一个人就这样地……算数?江河的回声,青山的回声啊:不是!

青春,雷锋已作过评价;理想,王杰曾作过回答;人生的道路,保尔·柯察金做了精辟阐明。但时代将永远消逝,向前!想过吗?自己的一生!你一定会想到的。年青的同志啊,你刚离开母校的怀抱,就踏上了风吹雨打的征程,严寒酷暑煎熬着你——一个倔强而幼稚的劲松!梦乡啊,出现了同学们的音容笑貌,闲时啊,回想着教室的琅琅书声,东去路上,出现着你起早摸黑的矫健身影……人们以为你将会是资产化的"小姐",人们以为你,将是不辨五谷的浪荡书生。而今天,你站着啊,坚强地站着!事实让人们信服,务农虽艰苦但你乐在其中……

时代在召唤着你，不要忘记你的九年圣书蕴含着父母的心愿，兄姐们的寄托，不要忘记啊，让她永远跟着你！

21岁，多么年青，多么可留恋啊，但是你，别多思别多想……要学习，要工作。恋爱虽是人生必经之路，但怎能比得上知识给人带来的幸福和愉快，父母的意志虽然可尊，但不能让巨石压住刚出土的春笋！

怎能忘啊，星月之夜，你从床上爬起来，欲告诉我又不敢。你毅然的决定在家中掀起了风波。我总想不到，谬论将会对我……！有勇气，看今后……

我与你是兄妹，我爱你啊，更爱你的性，爱你的情，成为你这样的同志而感到高兴和自豪。这种情感，出自五脏，发自六腑。世界上还有比此更高贵而纯洁，更美丽呢？没有了！

讲句话，应算数，是好汉，不说谎。你说，松乔人知道了我和你相爱着，既然木已成舟，怎让现实变东水。

当我离开这里的时候，内心深处是多么的不平静，因为在这里，我曾和你——亲爱的同志和战友，促膝谈心，更难忘的是，经历了一场奥妙的风波，产生了感觉，我们怎么办？我没有和你正面提出过，讨论过，但是我相信你，相信自己一样，你一定会回答我，一定会将心里话写在纸上，或向我面谈。但我告诉你，不要碍于面子，你怎么想，就该怎么说，即使你不能让我如愿，我也不会气你，今后也永远像兄妹一样亲切来往着。亚玲正好没有姐妹，你也可以和她结成姐妹。总之，我希望你直说，不管怎样说都可以。但我重复一句，我将真情地爱你，即使你不能答应，这种内心的痛苦也是永久存在的，不可弥补的。好吧，等着你的回答！

紧握你的手！

吴寿国　1979.2.14

朱珍妹接到吴寿国来信后，也很快给吴寿国回了一封信。

大哥：

我反复看了你的信，总也不知道怎么说才好！

在读初中的时候，老师曾多次在上课时提到你的名字，说你学习认真，文才好，品质优秀等等，在家中我三哥也不止一次夸奖你，今年春节期间我们的几次见面我才更加深了对你内心世界的了解，你英俊热忱、为人大方、办事认真，忠诚实在，像一个男人，这在我的女同学也是这么说的！

真使我高兴，我认识了你！

在信中你写了这么多的充满激情的词语，我虽然多读了几年书，但我觉得与你相差很远，今后我要向你学习，愿意当我的老师吗？

我知道是成分害了你的前途，真是太可惜了，如果没有这点，我们也不会碰见了，你也不会给我写信，我还是很高兴的，但是我也相信你在信中表述的，即使一个人不会这样算数。这是青山的回声，江河的回声——真是写得太好了！

春节很快就过去了，这个春节对我来说是多么的留恋啊！夜间梦中也时常会想起很多的情节，我不会忘记的，我知道你对我的情意，这既是激励，又是安慰，既让我高兴，也让我难过，有时心情会非常复杂，真的很睡不着觉。同学们说，你什么都好，就是社会关系不好要影响一辈子的前途。但是我却说：道路是曲折的，前途是光明的，好人真会有好报的！

我父亲的病是越来越重了，家中三哥还未讨嫂子，弟弟还小，我也只能自食其力，帮不了多少忙，我为什么遇上这么多的苦难呢？是

与弟妹合影

命吗？但我想起了你，有你的铿锵评议，我对今后充满信心。

父母的愿望是一定要我许给有工作的人，或者是我的表兄，不止一次给我说了，并说了你除了社会关系以外，旦门连饭都吃不着，做农民太苦了等等……但是请你放心，虽然现在我们还是蕴藏着这么一份情，不要急着去伤他（她）们的心，正是你说的，讲句话就算数，我们的明天一定会是美好的！

夜很深了，只能写这些，千言万语说不尽，请你保重，有时间来看我。

祝你万事如意！

朱玲妹

1979.2.18

在信里，吴寿国第一次对心爱的姑娘大胆表达内心的爱恋。也不忘和心爱的人谈人生谈理想，鼓励玲妹积极进取，要争取自己的爱情。虽然彼此心领神会，但是真正说出口时，吴寿国的心里仍然是忐忑不安的，更何况知道玲妹的家人是反对他们俩交往的。但既然选择了就要有担当。这封洋洋洒洒一千多个字的情书，思路清晰，感情热烈，文采飞扬，深深打动了朱玲妹的心，更何况本来就对吴寿国有着好感，只是迫于家里的压力而忐忑。吴寿国如此热烈的情感让她坚定了信心，也再一次被他的文采折服。吴寿国写给她的这第一封至今还被朱玲妹珍藏着。30多年过去了，朱玲妹还清晰地记得当时的感动又释怀的心情。收到这封信后，朱玲妹还专门找最要好的同学商量，她告诉同学："这个人我是喜欢的，就是家里社会关系不太好，我也在想唯成分论早晚会结束，最终还是要看人。不熟悉的人我也不喜欢，对吴寿国长期了解，知根知底。"同学也肯定了她的想法，鼓励她追求自己的爱情。

朱玲妹也想着吴寿国经常来家里找她，周围的人也在传两人在找对象，既然这个人还是不错的，找就找吧。

比玲妹大一岁的吴寿国当时心中的热烈和等待，对知识的渴求和抱负深切地打动着她，正是这封第一次热情表白的情书，让玲妹坚定了跟随吴寿国的心，更加坚定了吴寿国在他心中一个有担当有抱负的青年形象，值得她托付一生。在她的回信里也坚定表达了她对美好爱情的无比向往。而且当彼此心领神会，两心相悦时，前路的一切都充满向往和期待，仿佛没有什么困难能够阻挡两颗心的碰撞和燃烧，那埋藏在内心深处的火种，也随着两封书信字里行间的碰撞开始在彼此的青春里燃烧，让两颗年轻的心激情澎湃……

2.相恋

如果说恋爱是两个人的事,那么结婚就是两个家庭的事了。吴寿国因为家庭成分原因,连谋生的路都如此艰难,要养活自己,也负担沉重,以后又怎能让女儿得到幸福呢。为此,朱玲妹的父母坚决反对。

自己身上掉下来的肉自己是最清楚的, 吴寿国的母亲知道寿国是一个重情重义的人,性格就像他爸一样。为了寿国和朱玲妹的婚事,她曾托人一趟趟地跑到了朱家。

"吴寿国连个正式工作都没有,这年头,没有工作就没有收入,就不能保证他们以后共同生活的经济来源。

我们家朱玲妹长相好赖先不说,最起码还……,那长相,那身段,就是放到城里,人人也都得说上一声好。

如今农村的姑娘都争着抢着进城,我们家朱玲妹要是留在旦门,受着没完没了的苦。生个孩子连个上学的地方都没有,咱这一代留在旦门受苦,生来的骨头造就的肉,说不出去,总不能眼看着孩子也留在旦门受苦。

再说旦门这地方,人多地少,世世代代靠半捕鱼半种地为生,土地少,吃粮是个大问题,总不能眼看着孩子过着苦日子,让人瞧不起。"

吴寿国跟朱玲妹的婚事可把寿国父母愁坏了。

二十刚出头的姑娘,正是青春绽放的年代,走在大街上人人都想回过头来多看上几眼。

尽管谁都知道朱玲妹爱着吴寿国,但是朱吉祥两口子就是不同意,这门子亲事也难成。

一家有女百家来问,朱家的门槛差点让媒人给踏破了。

按理说姑娘都是有心中爱恋的人,朱玲妹喜欢吴寿国就不用说了。但是,有多少人来尊重他们的这份感情呢?难道只有用生命为代价才唤醒人们的警悟。

没有父母祝福的婚姻是不幸福的,但是,朱玲妹又割舍不了对吴寿国的感情,有很长一段时间陷入纠结的心情。对此,吴寿国又急又内疚。于是他一次又一次提起笔,向朱玲妹表白他的心迹,在信里和她谈心。

最心爱的玲妹：

信是早就写好的，因为我不希望叫别人乱带，直拖至今，但至今还不知会延迟到何日。

我已经知道你在代课，表示高兴。因为这是学习的机会，切莫随便放过。和小学生打交道，当然是比较烦恼的，但这是为祖国培养年轻的花朵，所以就显得自己背上责任的重大和光荣了。当教师不但要有相当的教学（文化）水平，而且更要有组织学生的水平，这样将教学能力和组织能力结合起来，就会得到别人的尊重，得到事实的嘉奖。我望你努力钻研业务，学习别人的长处，以出色的成绩站在教师之林。这样能对得起自己的同志，无愧于党的事业，无愧于信任你的同志！

我曾经在书上见在30年前，有革命者的这样一段话："在理论上，我知道恋爱会鼓舞斗争的勇气和热情，可是我看见一些人恋爱结婚后很快就掉进了庸俗窄小的家庭中了，一点可怜的温暖和幸福轻易替代了革命和理想……"当然，这位革命者是在黎明前最黑暗的时候，在白色恐怖下说的这样的话。但他的话在今天，在明天，在永久的未来，永远值得借鉴。一个有志气、有知识的人的恋爱也是这样的。我们要学习马克思和燕妮的这种建立在同志之上的相爱之感和革命精神。

爱情是这样的使人留恋和向往，在今天，经过生活的经历，我才深切地体会到这一点。讲实际，在未和你相爱之前，我总不敢随便和一个女同志讲话，更谈不上写信了，这一点在过去和你也是一样的，但是我们应该克服爱情的庸俗性和自私性，应该让自己的行动给自己的同志增加光彩。

我们已经不是无知而幼稚的孩子了，今天，我们不但有保证我们的情谊的责任，而且更有督促指出自己同志短处、错处的责任了，细风和雨不能使青松倔强峥嵘。经过斗争相互帮助达到更可贵的情义，这也是我们之间应该做的一部分。我也希望你能及时提出我的不对之处，以便改正。

玲妹啊，做代课教师，只是暂时栖身之地，却不是久留之计，因为民办教师太多了，所以，有机会还要去找别的工作。

祝你努力工作！

吴寿国笔
1979.4.1 晚

收到吴寿国的信时,玲妹正沉浸在失去父亲的悲痛中,吴寿国的信给悲伤中的她带来了慰藉和力量,每次来信,玲妹总会反复读上几遍,像汲取字里行间的力量。吴寿国的信中对事业的理解,对爱情的解读,让她十分认同,事实上于前路,她也正从曾经的迷惘中走出来,有了更清晰的方向,也有着满腔的话要对寿国诉说,于是,经过一段日子的斟酌之后,在一个夜晚,万籁俱寂,玲妹铺开了信笺……

亲爱的大哥:

我已失去了亲爱的父亲,有多少泪水,有多少悲痛都无法唤回他,年迈的母亲,亲爱的弟弟,还有我自己,今后的道路如何走下去,真是一片迷茫。

关于你我俩的事,人家在我妈的面前说了很多,妈妈也多次问了我,我总是含糊地应付着,她虽然不高兴,但也知道我的性格,妈妈对你的印象是很好的,总说你是一个好孩子,特别是在爸爸去世的日子里,你表现出的一切,她改变了原来的看法,但是社会关系,旦门困难这两方面,她总是要为我担心……

经过这段不平凡,难以忘记的经历,我已打定主意,在适当的时候向我妈、哥、姐姐表白我的决定,你就是我最可依靠最心仪的人!

过一些日子,我决定去宁海茶山农场摘茶叶,听说这里条件虽苦,但是工资要比老师多得多,一方面我是去赚钱,另一方面我也大声地告诉你及大家,我不是一个"小姐"式的人,我是一个勤劳、会吃得苦的人,我要用自己辛勤的劳动来养活自己,来减轻家中的负担,到时候我也会约亚玲、凤莲她们一起去,你一定要支持我,好吗?

这些天,有好多我的同学来家中慰问,同时也问起了我与你的事情,我却坚定地对他(她)们说:没有这种事!如果他(她)们告诉你,你不会生气吧?请原谅我!

朱玲妹

1979.5.12

爱情就像撒在土壤里的种子,就像春天里的小花,没有人具体说得清楚他们是从哪一时刻开始萌发的,但他们留给世间的那一抹新绿,那一片芳香是让人久久回味不尽的。当人们看到有子而无实,有花而无果,又是何等的悲怆和哀伤。

蓝蓝的天空下，悠闲悠哉地飘浮着朵朵白云，站在高山的脊梁上远远看去，小旦门大平原，绿油油的庄稼地就像碧绿的湖面镶嵌在山谷之间，随着微风的吹拂掀起一层层的绿波。一个身着粉红色的青春少女像蝴蝶一般在绿地间沉浮。形成了世间一幅绝美的图画。

那个少女就是朱玲妹，地里的庄稼正在拔节旺长的时候，也是庄稼人小有农闲的时候。人们都躲到大柳树下扯闲篇，侃大山，少有人在地里忙活了。

朱玲妹在自家膝盖深的谷地里薅莠子，其实谷子在没有秀出穗子的时候，莠子和谷子是难分得清的，从朱玲妹的那身装束一下子就看出来她并不是出于真心在干活，眼睛盯着村边路口，手里不管不顾的把一棵棵的谷子给薅了下来。心里即在想着昨天刚刚收到的寿国的信：

我最亲爱的玲妹：

昨天我很高兴你能来我家。说一句忠实的话，你对我已经作为生命中的一部分来看待。

玲妹啊，生活的现实是无情的，它像一面镜子，能照出一个人的各种机能和真正的思想，它是不以人的意志为转移的。它既像万物一样矗立可见，又像大海一样深不可测。至于今后生活的道路给人带来的各种曲折和困难，我相信，我们的信念如磐石一般不可动摇，让我们对未来永远充满着信心，并且做到不忘却过去，"忘记过去意味着背叛啊！"

今天我认识了爱情的巨大力量，她是继为真理斗争的第二大动力！当我在各种场合，各种地方都不由自主地会想起你，并且逐渐地意识到世界的美丽与你的存在是分不开的。我估计你母亲会不放心将你的一生幸福给我，因为她不愿意将自己心爱的女儿乱丢一处，总想她幸福些，更幸福些，她的想法是对的。那么现在，我们又有什么办法呢？这种爱情的折磨和烦恼使我陷入忧虑中。我真的会陷入爱情的泥坑里不能自拔吗？这个当我又一次看了你的一系列来信，觉得对你说来，变是完全不可能的。那你的妈妈呢？她的想法到底怎样？如果你坚决坚持着今天的爱情，她会怎样？即使说母亲不同意，你有没有能冲破家庭束缚的决心？在今天，我们过去这种把事情处理的秘密些的天真想法已经破产。我认为，从现在开始，你应该很好地去和母亲商量一下，并应该讲明你自己的观点，你说好吗？

玲妹，你永远是可爱的，讲一句不该说的话，如果今后你放弃了我，我也不会忘记在我寂寞的人生旅途中，我曾遇见过一个可爱的姑娘。同时我也相信你，如果在人类消失了我，你也不会将我忘记，而且会炽热地怀念我。

可爱的玲妹，一段临时安乐生活结束了，风雨烈日和汗水在迎接着你。它在向你挑衅地笑着，笑你不能战胜它们，笑你会在它们面前投降。过去我爱你，今天，我更爱你了。

"问君能有几多愁，恰似一江春水向东流"这是电影的主题，它道的是素芬对张忠良的一片感情，以及对他的信赖如滚滚的江水一样，向东流去，汇入大海。亲爱的玲妹，我们间的情感是决不能让她汇成江水流走的。我们要把她变为现实，正如你在前几封信中说得一样："我们的事情一定能成功，我们的爱情一定会实现，我心上的人一定会与我永远相随，永远生活在一起"，我和你相互间已经表达过了不少决心，这些决心如铮铮有力的春雷永远响彻在天空中，她是永远不会消失的。但至于今天，按照我们相互间的决心来说，忧愁是多余的。那么在兴奋和自豪之间为什么会夹杂着苦恼呢？这些结果的主要因素是什么？我并没有和别人谈过什么恋爱，但我真不该知道，爱情原来是如此之事，会有这样复杂的途径。这些现实的生活，对我这样见异思迁的人确实起着启蒙作用。这就是经过实践得到的知识。

现在我们都很年轻，按理说来，还不是谈恋爱的时候，但现实的生活已经将我们卷进了相敬相爱的恋情的海洋，当然谈恋爱也不能定死框框，只要志同道合，她会促进各自的奋斗目标，会相互鼓励斗争的勇气，在这样的基础上认识爱情是完全可以的。根据我妈妈的意见，就是要在近段时间让你妈决定下来，为了尊重你的意见，主要由你决定。

玲妹，你已经生活在人间 21 春秋了，对于人生的各种事物大概知道了一些，今天我提醒你一句：你应该看到，我们想事情要从坏的方面打算向好的方面争取，我望你在这个问题上考虑，再考虑……但不是拖，再拖……，在这里我同时告诉你，我没有一丝别的杂念，我的良心永远纯洁。

紧握你的手

吴寿国笔

1979.7.13

虽然没有正式结婚，在朱玲妹的心里，她已经是吴家的人了，一切无不在为吴家考虑着。朱妈妈没遍数地磨叨着："就你傻，以后有你苦日子过就知道了。"

"难道好日子不是靠勤勤恳恳吃苦受累过出来的，是向公公婆婆要出来的。要是吴家有的是钱，多要点少要点也没啥，问题是就这些钱还把饥荒拉得像筛子眼儿似的。非得把两个老人逼得以后没法过了，自己就好过了。"有些事朱玲妹想不通，她也做不出来。

地头里出现了一个衣着华美的身影，从个头上看一定是吴寿国回来了，也只有吴寿国知道他们约会的地方。

"这么晚才回来，见了他一定好好地撒上一顿娇，看他以后还敢迟到吧？"朱玲妹心里虽这么想着脚下的步子却早已等不得了，以至于把好多的谷子都踩倒了。

"怎么是你？你来干什么？"朱玲妹还没到那人的跟前，就认出了来人不是吴寿国，是别人。

"你的爸妈说你们俩不合适。"那人说。

"合适不合适只有我们俩知道，与我爸妈有什么关系，又不是他们嫁人，也不是他们跟我过一辈子。我爸妈看你合适让他们嫁你好了。"朱玲妹把话说得决绝的，"你记住了，我今天冲着太阳说，我跟你是不可能的，如果我嫁不成吴寿国，我会随着今天的太阳灭掉的。"

朱玲妹越是这样，那人的心里越是喜欢，如果是自己把这朵带刺的玫瑰捧回家里，也是自己今生的艳福不浅，你越是不答应，我越是不惜任何代价和手段把你搞到手。

那人的乍一出现并没有使朱玲妹感到惊奇，在她的心里，他是早晚都会出现的，她对他也有了充分的应对准备，她的应对准备是，任你别人咋说，自己都不会嫁给那人的。在朱玲妹的心里从来没有去想过这个人。

这时吴寿国又来信了。

亲爱的玲妹：

　　我估计你一定会给我写信的，因为……

　　看了信，信中滋味不是甜畅，而是感到酸辣。当然，在今天，我确实不愿再看到你的这些话了。但想起来自己也是造成这些语言的原因。

　　同志，你不是早就向我表示"对未来充满着信心"吗？我也和你一样——这种信心永远存在。现在我觉得，经过了整整半年的通信，了解是必然的了，共同的语言已经建立，那么一切疑团应该像蜘蛛网一样抹去，使生活的意义和感情更带上美丽的色彩。让各自都在自己奋斗的征程上努力。

请你再一次阅览我给你的一系列来信吧，字里行间，充满着一个极为鲜明的字——爱！这个字是彻底坚信你的真情中滤流出来的。你似乎想得很多，在未来生活中的一些事都想到了。这说明你很能动脑筋。但生活的现实不得不使你想到这些，请你放心，在正确的爱情观上建立的关系，只要在漫长的生活中，相互了解，相互批评，相互帮助一定会得到增长、巩固和发展。我可以坚信，未来的我们就是情侣加兄妹！

亲爱的玲妹，今天我告诉你，我们的爱情，在原则上已通过了你妈妈的同意。这就是说，家庭已经允许我们。但今后的道路能不能比较顺利地度过呢，这决定的因素当然是你！你决定着全部。我可以这样地告诉你，今后将会有更多的好心人在你面前说冷话，作为意志坚如磐石的你，区区风雨算不上什么！

玲妹，繁重的劳动你一定很辛苦，这些辛苦所带来的痛苦，我为你每时每刻分担着，现实的生活不得不使我们相互恋想，相互体贴，讲一句忠诚的话，你的身影每时每刻浮现在我的脑海里，何时何地不为你而感到自豪和充满力量。你确实是我生命的一部分。为了你，可以捐献自己的全部。为了你，上刀山下火海也心甘情愿。我坚信，不管在什么时候，我们的情感永远深厚，我们的品德永远高贵，我们的爱情之花永开不谢！让我们的名字永远连接在一起吧！

亲爱的玲妹，你在宁海要多少时间，在这段日子里，我很想和你保持频繁的通信，以交流思想，叙谈看法，你说好吗？

信收到好些天了，因为忙，没有及时回复，请原谅。

紧握你的手

吴寿国笔

1979.8.8

然而，几天来，朱吉祥家在朱玲妹的婚事上又变卦了，总是在她的面前不停地说谁谁人好，家好，事业好。一切无不拿他跟吴寿国进行比对着。在朱玲妹的心里是不由得父母说吴寿国一句不是的。为此她跟朱吉祥两口子针尖对麦芒地吵了起来，既然他们做得没有父母的身份，她也做得没有女儿的样子。

2010 年 11 月在新加坡

这也是朱玲妹今天把吴寿国约在村外谷地边的原因，她想好了，今天跟吴寿国走了就再也不回那个家了。让她没想到的是自己家里居然把事做得那么绝。她没有等来自己心爱的人，也不再等来自己心爱的人了。等来的却是跟自己毫不相干的人。

在旦门人的眼里，吴寿国和朱玲妹就是天生的一双，地就的一对。当然这是在别人眼里来看，在朱吉祥家人眼里可就不这么认为。让自己的女儿嫁吴家的小子，就像一朵鲜花插在了猪粪上。他吴家有啥，家穷，又不能考大学，回到旦门来教书，也没几天，这叫个啥出息头。

再说吴寿国连个工作也没有，整天在家里晃来晃去的，让人看着都不顺眼。

如果把女儿嫁过去，还不得受一辈子累，遭一辈子罪。

别人咋看，那都是事不关己，想怎么说风凉话就怎说风凉话，事情真要搁在他们身上，还不是跟自己一个样的心里。

吴寿国在朋友的帮助下，来到了舟山找到了一份临时工。他要证明给自己看，要证明给朱玲妹看，让她知道喜欢自己是没错的，也要证明给朱玲妹的父母看，同时也证明给自己的爸妈看，他们的儿子是争气的，是有骨气的，不是个孬种。

在吴寿国的心里，"不信这个世上凭着吃苦耐劳就干不出一点名堂来。"

上班的时候，吴寿国一帽斗子一帽斗子地流着汗，拼着命地干，在别人的眼里，他好像天生就爱干活似的。吴寿国天生就有一个让人喜欢的性格，别看他干活多，却很少说话。在人堆儿里从来不戳七斗八，背后从来不说三道四的。为此他赢得了一片好感，有人赶上门子给他介绍对象，吴寿国总是在说，"我有对象了。"

吴寿国在工地赢得人们对他一片好感还有一个原因很是重要，他善于讲故事，念报纸，讲国内外形势，有时还给人代写书信。

尽管这种活很苦很累，不少人一干上这个活就开始骂娘，甚至没干上三天五日就开小差了，"宁可回家种地"也不干这既受累又危险的活了。然而，爱情的力量是无限的,她给吴寿国的工作带来了动力,带来了春天般的阳光。

每到休班的时候,吴寿国总是悄悄地回到旦门,跟朱玲妹月出东山峁,相约黄昏后,躲在槐林间,叙说心头话。那情态如胶似漆,犹鱼若水,你亲我爱,幽情尽吐,天地人间属他们最是幸福。

一轮好大好大的圆月,把它的万道银光撒满世界,使大地一裹素装,如雪如霜。香槐树下暗影婆娑,吴寿国和朱玲妹总有说不尽的情话。

"寿国,书上说月亮是一个圆球,我看到眼里的怎么是一个素面的圆盘?"朱玲妹问寿国。

"那是因为月亮离我们太远了,肉眼只能看到它的表面轮廓,看不到它的全部。就像一个人,只看到他的外表看不到他的心里一样。"吴寿国肚里的墨水跟朱玲妹的一样多,他也知道,自己知道的朱玲妹也一样知道,只是她别有所问罢了。

"寿国,是不是我也只是看到你的外表,猜不透你的心里?"

"小坏蛋,在这里拿话等着我呢。"朱玲妹的话刚撂下,吴寿国边伸过手在她的腋下弄得她咯咯咯地笑了起来,不住他求着饶,"好哥哥,好哥哥,我以后再也不这样问了。"

"我的心里跟你的心里是一样的。"闹过了一顿,吴寿国还是郑重其事地回答了她。

"那咱们就是一条心。"朱玲妹说。

这样的话他们不知说过多少遍了,每一次的重复都好像是第一次的表白,他们喜欢这样的表白,从彼此的表白中浇灌着心中爱情的玫瑰花,让它的根在彼此情感的土壤里越扎越深。他们从中享受着幸福和踏实。

"寿国,你喜欢太阳还是月亮。"朱玲妹问。

"我喜欢太阳。"寿国答。

"为什么?"朱玲妹问。

"太阳是那么的明亮,那么的温暖,它的光亮给所有的人都照亮了前进的方向,让所有的人都尽情地干着自己该干的事,使所有人的心愿在它的光照下得以实现,它是生命的源泉,没有太阳就没有生命,没有生命就没有情感,没有情感就不能享受到爱恋的幸福。"吴寿国说。

"不,我不喜欢太阳,我喜欢月亮。"朱玲妹说。

"为什么?"吴寿国问。

"只有在月光下我们才能大胆地,无拘无束地在一起,尽情地说着心里话。太阳下,我们却偷偷摸摸,躲躲藏藏,依靠眉目来传情递爱。我愿意让我们永远地活在月亮的世界里，只有这样才自由自在。"朱玲妹说。

"不，相信天意吧，相信那棵曾经让我们活下来的香槐树吧，既然是它让我们都活下来，就一定让我们在一起的，让我们活在充满阳光的世界里的。"吴寿国一腔信心地说。

每一次香槐树下的告别，他们的两双手都紧紧地拥抱着对方，两张口都紧紧地粘合在一起，一次又一次离开，一次又一次地拥抱在了一起。他们相互鼓励着，明天还会在一起的，明天就会永远地在一起的。

从春天到夏天，一封封文采翩翩，情真意切的信，一次次读都让玲妹稍稍退缩的脚步又前进了一步。在吴寿国的鼓励和热情的感染下，也加深了她内心深处的爱的力量。而几年的交往，吴寿国对女儿执著的真心实意和成熟稳重的言行还是慢慢改变了朱玲妹家人的看法，毕竟人才是最重要的，女儿看重的也是吴寿国的为人和抱负。吴寿国的坚持终于原则上通过了朱玲妹母亲的同意。这让吴寿国心情雀跃，憧憬美好的婚姻生活。

有了家人的支持，朱玲妹的心亦更加坚定了。虽然两人的相处过程中，因为个性不同，难免会起争执，但每次起了争执，吴寿国总会耐心剖析，旁征博引，与朱玲妹作坦诚的交流。字里行间，如恋人如长兄，也如哲人，一次次在信中娓娓而谈，让朱玲妹也更加了解一个真实的吴寿国，一个充满情义、知识渊博，有着哲人情怀的吴寿国。比如吴寿国谈到两人的相处，引用周总理在夫妻关系上和邓颖超同志订了八个"互"，至今仍有着借鉴的意义，如他所说的两人应坦然相处，及时沟通，增进感情，也有着他的深思熟虑。对人生和理想的探讨，在他充满文采的笔触里，也显得激情澎湃，真实可见。每一封信，都让朱玲妹一读再读。

在那个还没有电话和手机的年代，对于分开两地的人，写信是最好的交流方式，写信和读信的时刻，也是他们恋爱的日子里最为难忘的时光片段，心与心的撞击和交流，信件交流的字里行间仿佛两人近在咫尺的促膝交谈，又避开了面对面羞于言表的心情。

经过一年多的恋爱，终于将要订婚，回想走过的不算一帆风顺，但也情投意合的路，展望将要携手度过的一生，吴寿国还是有满腔的话要对未来的妻子说。

　　我最心爱的玲妹：
　　　　已经是晚上十一点钟了，尽管连日来一直是劳累到此时，但我总是想给你写封信。
　　　　我现在的心情是很不平静的。这不是为了我们个人事情，而是社会存在的因素,这些当然用不着讲了。

春节将到了,岁月的飞度,把我们爱情的道路推向了另一年,此时此刻,我的心兴奋了,眼眶湿润了。脑海中出现了许多许多的往事。从情感升华的星月之夜到互吐衷肠的第一封通信。从父母及家眷的阻力到原则上的同意。从你父亲的病危住院到不幸去世,从去茶山的前天到下五狮山的路上,从第一次亲吻到现在的拥抱,从旁人的冷眼讥语到互相建立的信念。这一幕幕影像出现在这一年来的日日夜夜。确实,恋爱生活是幸福的,但给予一对情人能永久幸福的是什么呢?现在我就是想谈谈这个问题。

周总理在夫妻关系上的确是人们学习的榜样,他和邓颖超同志订了八个"互",这就是互敬、互爱、互信、互勉、互助、互让、互谅、互慰。我记得你在茶山的时候,给我写过这样一封信,大致是我在名誉上是一个高中生,对象是自己找的,许给务农的人,若今后发生打骂被人家笑话不起,并相信我绝不会这样做,也不是这样的人。当时我可能给你回了一封信,大致是这样:今后在生活中能不能永远相爱,这绝不是一个人的问题,而是两个人的共同话题。这里我举个例子,今天我在外面干活,为了某种事,心里很不爽快,但又不告诉你,而你呢,不知道我心里到底怎么样,却偏偏用某种言语刺激我,这样一来,我火上加油了,轻则两人吵一架,重则动手了。反过来,我今天把这种不快乐的情绪告诉你,你也很体贴我,把事情分解,并指出我的不对,同情我的好处,这样,这种不乐不但不会加深,反而被解除了。我曾好几次指出你不对的地方,而你却是这样说:"我是坏的,你去找个好的吧!"一听这话,我心里很难受。我的意思不是这个,而是指出你的缺点,让你逐步改正,同时我也很希望你能提出我的不对,对于这些问题,我是很想和你谈几个小时的。我认为,在以后漫长的一生中,如果我们两人的思想不能统一,情义不能始终深厚,内心不能互相谅解,幸福就会随之而减弱。因为我和你不是一般的人,现在的感情也不是别人一般的感情,我们必须在别人走过的道路上走出一条新奇的路来,让我们现在就树立信心吧!

玲妹,我们将要订婚了,可能我家因生活方面的原因,有些东西不能使你如愿,这,很对不起。但你如果有什么想法和要求可以直言告诉我。正月你准备初几到我家来?初一就来吧,这里有戏和电影,正月的时候,我们进行一次谈话,好吗?你一定会同意吧?

　　玲妹，虽然你有家庭生活的影响，在穿衣方面得到限制，但到外地去，却一定要保持一个姑娘的风度，当然也不是说要时尚，我是这样想的，我每次到松岙来，总想自己在各方面表现得好一点，因为我想到，我好一点，就能为你多一份光彩。

　　讲的话确实太多了，因为时间太迟了，所以搁笔，余言见面谈。

　　祝　春节快乐！

你的寿国

1980.2.12

朱玲妹也很快给吴寿国回信。

亲爱的寿国：

　　给我的两封信都收到了，我不愿给你回信了，因为我太累了，同时也恨你……

　　一天要干十几个小时的活，又吃不下饭，有时只用盐或酱油拌水吞下，所以体质特别差。

　　前几天的一封信，被一个象山樟岙的小伙子给拆了，信中的内容被他全部知道，告诉人家我怀孕，快要结婚了，真是羞煞我了，你说我不恨你吗？

　　一个月前，我第三个年头上荣山，十里茶林，山高路陡，你伴在我身边我不觉劳累，而且是满

吴寿国结婚照

心的幸福，一个多小时的路程，一晃就到了。当时夜间，我与你并座在高山的岩石上，紧紧依偎在一起，说不尽的心里话，道不完的相爱情，并对着月亮，唱起了"幸福的花儿，心中开放，爱情的歌儿随风飘荡，我们的心儿飘向那远方……

　　在信中你对我说，回去的路都走得特别累，特别难，这是因为一步步地离你远去，内心是一次次的伤感，依依不舍，但你要知道，不管路多远，水多长，我的心始终在一起。

　　过几个月就要结婚了，我既高兴，又有压力、高兴的是今后我俩永远在一起，通过自己的勤劳和智慧去建立美好的家庭，虽然我们都是农民，但一样会创造财富，一样会让人家美慕。我内心的压力是，因

我家穷,要结婚了也没有什么好的东西可以带来,包括你家,我认为我们现在就简单一点,朴素一点,等今后有了钱,一切都会有的。

这段时间你要保重身体,不要太劳累,也不要多为我着想,我可能会过一个月就回来了,也请放心,我会注意自己的!

好了,夜也深了……

紧握你的手。

朱玲妹

1980.6.15

信里的这些话,即便是现在对所有即将走进婚姻殿堂的新人而言都是有借鉴意义的,就像周恩来总理的"八互",渗透在生活的每一个细节里。越是最亲密的人越要坦诚相待,包括相互指出做得不尽完善的地方,也包括说出心中的所有想法,坦诚相待。这封信,让玲妹的心里亦起了不小的波澜,想起心里吴寿国提起的让他难过的那句话,玲妹心里感觉到了歉疚。的确,吴寿国在她眼里,是爱人,更如兄长,慈父,心里的每一句话都是如此熨帖,稳当,宽厚,心系旁人,将自己放在一个大社会里,即便是对待爱情这样的私事,他的心胸也是博大的,坦诚而宽阔的,更多地为他人着想。一遍遍读着这封信,玲妹越来越觉得这个人可以托付一生,真的没有选择错,读信后,她比之前任何时候更加期待和吴寿国的相逢,期盼和他一起早日进入两人的新生活。近在眼前的正月里也变得如此期盼了……

今天是他们约好的日子,他回村里来接她到宁波买家具的。

在吴家人一趟趟地说和下,一切事情都说好了的,只要吴家能有一套房子,朱吉祥家里就答应把女儿朱玲妹嫁给吴寿国,他们的关系就从阴暗走向了光明。

吴家从其他人手里借了一些钱,加上手头又有点积蓄,在村里盖了一新房,虽说面积不大,但小两口结婚后生活起来是满够用的。

其实她的心跟他的心早已融合到一堆儿去了,她对吴家是没有任何条件的,就像今天买家具一样,她不在乎家具的好坏,即使在屋地里铺上一堆稻草,只要跟他睡在上面也是温馨的。朱玲妹的这种想法不是轻浮,也不是少女对以后独立家庭生活遇到的苦难和烦恼理解不到,正是因为她深深地爱着他,也无处不在为这个家在考虑。

春节终于到来了,正月初一,吴寿国就迫不及待地往女朋友家拜年。经过一直来的信件来往畅谈,两人一见面分外动情,有着说不完的话,憧憬着马上就要朝夕相处的美好生活。就在那天晚上，说着说着，朱玲妹突然鼻子出血不止，让吴寿国十分紧张，整个晚上都守在床边，紧紧握着女朋友的手安慰她。朱玲妹身体一直很虚弱。"别担心，马上就会好的，以后等我们结婚了，我一定好好照顾你，把你养得白白胖胖、健健康康的。"看着眼前这个宽厚诚恳的男友，虚弱的朱玲妹脸上露出了幸福的微笑，如盛开的花朵，她情不自禁地也握紧了吴寿国的手，更加相信自己的眼光，眼前这个细心温柔的人一定可以相伴一生，给她幸福。这一夜，吴寿国一直守在朱玲妹的床前，一夜未眠。大年初二一早，吴寿国就背着朱玲妹到乡医院治病，但是鼻血一直没能止住，吴寿国为她四处求医，把她转入了县第一医院，细心服侍她，让朱玲妹非常感动。但血还是一直止不住，看着虚弱的女友，吴寿国心急如焚。吴寿国四处打听止血偏方，听别人说高丽参能止血，如获至宝，但摸摸口袋又犯难了，一支高丽参要好几百元，对他来说是个不小的数目。但救人要紧呀。吴寿国四处借钱，花了 200 元钱买了高丽参给朱玲妹吃下，果然止住了血。看着跑前跑后，几天里瘦了整整一圈的憔悴的男友，朱玲妹心里非常感动。

3.成家

1981 年，有情人终成眷属，24 岁的吴寿国和 23 岁朱玲妹历经曲折，终于步入结婚殿堂。虽然朱玲妹的同学很多都不明白，她为啥找这样一个家里穷、成分又差的人，说她瞎了眼，但朱玲妹没有后悔，她说，她看中的是他的人诚实，考虑问题周全，没有在乎他的成分，没有在乎他做农民，在她眼里，农民的劳动也是值得尊重的。

吴寿国结婚那年，弟弟吴灵通还在新疆干活，挣 100 多元一个月。知道哥哥结婚需要一大笔费用，当时把在新疆打工两年积攒下来的 800 多元都寄回来给哥哥结婚用。结婚后朱玲妹很快有了孩子。兄弟俩分家时，弟弟吴灵通知道哥哥家庭负担重，把 1000 多元债务都揽过来，可见兄弟间感情很深。吴寿国的弟弟妹妹对肯吃苦的贤惠嫂子都很敬重。

而朱玲妹选择了吴寿国，这个受成分影响要比别人多上几倍努力，这个总是心系他人，让她也需要有大度的情怀，但她认了，她是那么心甘情愿地跟随了他，夫唱妇随做他的厨娘，做他的贤内助，为他分忧，亦把一个大家庭打理得井井有条、和和睦睦、无怨无悔。

事实上,1981 年对吴寿国来说,有着非同寻常意义的一年。这一年,四喜临门,让长期受制于身份,无比压抑的他看到了久违的新生活的希望！这一年,他成家了！几年的坚持和真心付出终于赢得了朱玲妹一家的信任。觉得将女儿的一生交给这个聪明敦厚又细心的人是让人放心的。有情人终成眷属,吴寿国成了更有担当的一家之主。

1983 年冬季

而随着大儿子也在同一年出生,他还升级成为光荣的父亲。看着襁褓中粉嫩的婴儿,看着打心眼里喜欢的爱人,从没有像此刻,让他觉得要更有担当的勇气和力量。

也在这一年,改革的春风吹进这了个偏僻的海滨小山村,土地承包责任制的推行,让每户人家终于拥有了自己的土地,做了真正可以主宰命运的主人。告别了常年青黄不接的饥饿的日子。本来还想着幸亏朱玲妹家家境好些,结婚后要是接济些,温饱又好解决些。没想到结婚第一年就能分到土地。只要付出辛劳,就要相应的回报,这对吴寿国来说真是太振奋人心了,终于可以靠自己的劳动解决家里的温饱问题,再也不要让家人忍饥挨饿了！虽然分到的是海塘边破破烂烂的 2.3 亩田,但毕竟有了自己的土地。只要靠着自己的辛勤劳动就能长出果实来。分到田地后那几天,吴寿国和父母亲每天天蒙蒙亮就来到自家地上,从清除垃圾,平整土地,到播种,看着一个从没有人注意的垃圾场变成了自家的土地,变成了未来的聚宝盆。那耕种的每一锄,都来得分外带劲。播种,田间管理,看着稻子一天天长出希望,经过春天,夏天,迎来丰收的秋天。2.3 亩金灿灿的稻谷丰收了！在收获里挥汗如雨,这汗分明也是香甜的。

让吴寿国惊喜的是,成家的这一年,靠着全家人的辛勤劳动。第一年就告别了饥饿,解决了全家的粮食,再也不会为填不饱肚子烦恼了！而在以往,生产队劳动算工分的时候,一年到头全家人只有过年在家休息几天,其他时间不管刮风还是下雨,都在生产队里辛勤劳作,但是一年下来,靠生产队赚工分得到的粮食还是填不饱全家人的肚子。如今却靠着分到家的 2.3 亩地,彻底告别了饥饿,过上了温饱的日子,有了主宰自己命运的盼头。

也就从这一年开始，成分论的观念也开始日益淡薄。吴寿国也终于卸下了背负了20多年的沉重的心理包袱，真正抬起头来，可以大干一场了。村里办了水泥预制品厂，想到的第一个管理人选就是吴寿国。虽然出身没法选择，但长期以来，吴寿国的聪明好学，踏实能干，宽厚本分，全村人都看在眼里。而早就想大干一场的吴寿国欣欣然接过这副担子。在他心里，靠着田地是能解决家人的温饱，倘能办好一个厂，能让家人以及更多的村民过上好日子，何乐而不为呢！也就在成家这一年，吴寿国的眼前仿佛一下子看到了光明的前程！一个丈夫，一个父亲，一个有担当的一家之主，一个厂子寄予的厚望，这些都成了无限的动力，让他感觉充满了力量和对前程的憧憬，终于可以大干一场了！而吴寿国一个家庭的变化，折射出了千千万万的家庭，在推行家庭承包责任制后，勃发的生机！折射出改革的春风途径的村庄所呈现的生机和活力。

第五章　创业篇

1.办厂

　　1978 年以前的安徽省凤阳县小岗村,是全县有名的"吃粮靠返销,用钱靠救济,生产靠贷款"的"三靠村",每年秋收后几乎家家外出讨饭。1978 年 11 月 24 日,小岗村 18 户农民以敢为天下先的胆识,按下了 18 个手印,搞起生产责任制,揭开了中国农村改革的序幕。也许是历史的巧合——就在这些农民按下手印的不久,1978 年 12 月,党召开了十一届三中全会。它是我党历史上具有深远意义的伟大转折, 它重新确立了马克思主义实事求是的思想路线, 抛弃了"阶级斗争为纲"这个不适用于当下社会主义社会的口号,决定把全党工作的重点为转移到社会主义现代化建设上来。全会还明确指出党在新时期的历史任务是把中国建设成为社会主义现代化强国, 揭开了社会主义改革开放的序幕。

　　改革的春风,从此吹遍了神州大地,让万物复苏,让笼罩在阶级斗争阴影下的人们看到了希望。让神州大地上的无数个"小岗村"告别饥饿,走向了靠劳动靠双手吃饭的新希望。这个 70 年代末召开的具有历史转折意义的大会,在 80 年代初,也开始慢慢影响宁波市象山县旦门这个隔山隔海的偏僻的小山村,让吴寿国, 这个一直有一番抱负的有志青年终于看到了可以卸下长期以来背负的精神桎梏,有大干一场的希望。

　　这希望的火苗开始越燃越旺。

　　吴寿国记得,1980 年家里还没饭吃, 总是吃不饱,1981 年土地分到户后,吴寿国家分到 2.3 亩地,终于有了自己的地,加上一贯的吃苦耐劳,粮食获得了大丰收。家里再也不用为吃饭犯愁了。一下子解决了温饱问题。吃的问题解决了,吴寿国又有了新的追求,寻思着如何让一家人的日子过得更富裕,如何带动周围的人也过上好日子。

　　1981 年,村里刚好办了一家水泥预制品厂,想藉此壮大村集体经济,新生的事物需要一个有胆魄、有能力的管理者。村里领导一直很欣赏吴寿国的能力，有意让他接手厂子的管理工作。吴寿国知道后很高兴，决定不做木匠了。一般人是不会这样考虑的，总想着做木匠有一门手艺多好，虽然收入不高，但总还稳当，办厂总是有风险的，更何况从没有这方面的经验。但吴寿国想到的是，当木匠有一门手艺活，自然养活一家子没问题，但是如果办企业的话还能解决一部分劳动就业，可以带动一部分乡亲富裕起来，更能体现自己的价值。好在朱玲妹是开明的，她也相信吴寿国的能力，一定能有一番作为，于是大力支持吴寿国去厂里接手管理工作。

有了家人的支持，吴寿国下决心接手了这家水泥预制品厂，负责管理财务，跑业务。那时候家里虽然解决温饱问题，但经济仍然十分困难，1981年结婚后，家里已经欠下1200元债务。但是要跑业务就要招待客人。吴寿国三天两头带客人到家里吃饭，再加上家里的三个孩子五口人，常常是满满一桌子人，开销不少。再加上大儿子从小体质弱，三天两头感冒发烧，需要治病。十元钱两三天就用完了。家里经济十分拮据。但考虑到丈夫的工厂处于起步期，朱玲妹还是毫无怨言，尽心尽力招待客人。朱玲妹的厨艺很好，人也诚恳热情，给业务员留下深刻印象，再加上吴寿国办事非常讲信用，很快留住了一批客户。因为良好的口碑和出色的管理能力，吴寿国接手水泥预制品厂一年后，厂子就开始步入正轨，每年都有节余。吴寿国也成了村里最先富裕起来的一批人。

虽然日子有点好过起来了，但吴寿国待人仍然非常诚恳、宽厚，村民们建房子要买水泥钢材什么的，找吴寿国帮忙，总是有求必应，有的钱不够，吴寿国还帮忙垫付。有一次，邻村一户人家因为家里要造房子，来找吴寿国买水泥制品，恳求先付一半，等下半年捕鱼卖了后就补上。但到了年底，由于渔情不好，还没有还上。因为数额比较大，吴寿国上门讨钱。但了解到她家的困难后，未等她开口，吴寿国就说，你不要太为难，等明年有钱再付吧。没想到这件简单的事，让这个人一直记在心里，而且还教育孩子一定要知恩图报。20多年没有忘记过。20多年后，一个偶然的机会，吴寿国在税务局碰到了退税科科长余海钢，很热情地跟他打招呼，原来，余海钢的母亲就是20多年前那个借款的女子。那件事，让她感激不尽，一直记得吴总当时给过的帮助。这件事给吴寿国的感触很深：自己做过的好事很多，并不是让别人感恩，但对自己是区区小事，却让人家这么记恩确实也让人感动。也更加坚定了他向来乐于助人的秉性。所以每逢讲起这件事，吴寿国的眼里总闪动着激动的泪光。

2.创业

时间到了 1987 年,改革开放的春风已经在中国大地上荡漾了九年,穷则思变,是到了该改变现状的时候了。沿海交通发达的乡镇慢慢地富裕起来,开始带动边远偏僻乡村。扶贫方式也由"输血"转为更高层次地帮助"造血"。地处偏僻的旦门也受到了关注。

1987 年那一年,南庄区决定资助 4 台织布机扶持旦门乡办厂。机器加技术的扶贫当然是借鸡生蛋的好事,但是让谁来挑起这个重担呢。乡党委为此专门开了一个会,大家讨论非常热烈。在那个年代,虽然改革的春风吹拂多时,但很多人思想还是异常顽固。对是不是让吴寿国来办这个厂当

吴寿国、吴有荣在中华人民共和国四十大庆的上午高兴地挂上了厂牌

意见不统一,有些人还拿吴寿国的成分做文章。但是当时的旦门公社党委书记史久根对吴寿国一向非常欣赏,在他的坚持下,把从没有与棉纱打过交道的吴寿国推上了象山驼绒厂厂长的位置。那一年吴寿国 30 岁,正是古人说的三十而立之年。

当时吴寿国在接手快要倒闭的塑料厂还是选择白手起家办驼绒厂之间犹豫。朱玲妹一番话让他坚定了选择。朱玲妹说:"你管理过两家厂,先后都倒闭了,虽然主要原因不在你,但如果再接手临近倒闭的塑料厂,一来,厂里人资格老,不一定能服你,对开展管理不利,放不开手脚;二来接收好的话,会说你确实能干,要是不好的要被说接连接手三个工厂最后都到倒闭的结果,会影响威性,也影响你的信心,还是趁着还年轻,从头开始吧。虽然没有这方面的经验,但是毕竟是一厂之主,可以放开手脚干,尽可以按照自己的想法大干一场。再说毕竟有机器和技术支持在,心里还踏实些。"仔细咀嚼朱玲妹这番话,吴寿国

觉得很有道理，他拍拍朱玲妹的肩膀，终于下定决心："好，就听你的，我没看错，也没选错，我这个高中生老婆就是不一样，有见识，又贤惠，呵呵。"

话虽这么说，一旦开始真正开始创业，才发现起步的艰难，清光光的四台机器，其他什么都没有，这四台机器还是淘汰下来的老机器。而再小的厂子，也要有个遮风挡雨的车间，还需要购买原料，一穷二白怎么开张呢。吴寿国面对的是困难重重的"三无"局面：无资金、无技术、无业务。但既然选择了，就意味着坚持，意味着风雨兼程。吃苦倒是不怕，因为他本来就是个农民，而农民的秉性之一就是善于吃苦耐劳。但是首先多多少少得要有启动资金。这一点让他犯了难。前面两个厂子都倒闭了，乡里没有钱来支持，吴寿国也没有钱。怎么办呢？在这个时候，又是和他从小一起长大的，最好的朋友吕运来帮了大忙。

1977年高考恢复后的第一年，吕运来和吴寿国一起考大学，结果吴寿国因为成分问题落榜，根正苗红的吕运来却是凭着优异的成绩当年就考上了杭大政治系。吕运来家里很穷，在大学念书时，连温饱问题都很难解决。吴寿国知道吕运来的境况后一直尽自己的能力支助他上大学。自己虽然无法上大学，能够帮助最好的朋友在大学里多学点也算是一点欣慰。当时吴寿国农闲时间在修船，可以赚点钱了，虽然不多，但是他还是从不多的收入里挤出来，每个月10元5元寄给远在杭州大学读书的吕运来，一直到他大学毕业。

吕运来大学毕业后分配到象山县县委宣传部工作。后来还考取得律师资格，在县司法局当律师，后任局长，在给企业当法律顾问时认识了一些企业界的朋友。吕运来家里很穷，每个月只有50元工资，无法帮上吴寿国的忙。当时刚好迎来改革开放，看到患难兄弟吴寿国这么有理想、有抱负的人，很想在改革开放的浪潮中有所作为，当时刚起步，因为农村创业没有积累，白手起家。吴寿国的事情就是他的事情，他很想帮上一把，于是通过朋友借给吴寿国近7000元钱，吴寿国再东拼西借终于筹集了2万元，作为启动资金。

当时周围人都在看着热闹，一些风言风语传到吴寿国的耳朵里，旦门是办不好厂的，即使办起来也只有二三年的时间，都倒闭的。估计不久也难逃倒闭的结果。但吴寿国没有在意这些话，虽然一点也不懂这个行业，但他还要试试。他想起有人曾说过：性情的修养，不是为了别人，而是为自己增强生活能力。而此时正是磨练自己的时候，从小到大看书崇拜那些英雄，但却苦于没有施展的天地，现在就当这是个战场，人生的第一个大战场，全力以赴大干一场吧。把厂子办在哪里，吴寿国也经过了一番用心的考察。当时，乡里也有供销社、粮站的老房子提供可作为厂房使用。环境和房子都要好些，但最后，吴寿国还是选择了靠山面海，现已废弃的旧窑房——旦门陶砖厂的旧址。虽然当时已废弃的旧窑房地处村南偏僻的乡野,到处杂草丛生,堆积着成堆废弃的碎片砖瓦的废墟,淹没在一片杂草中,坑坑洼洼的泥塘,雨后步行也异常艰难,完全是一片废墟,环境条件很差。但此地背靠青山,面朝大海,视野开阔。而且在吴寿国眼里,这一片荒地也易于今后慢慢拓展。一望无际的大海,浪涛或汹涌,或安静,视线可以延伸到无穷远,就像是一张白纸,吴寿国希望在这张白纸上一笔一划描上自己的理想……

多少个夜晚,吴寿国在煤油灯下潜心设计厂房,没有经验,只能根据当木匠时积累的手艺经验,画草图,算材料,精打细算。多少个夜晚,寂静的山村里,吴寿国家的灯火总是最有一个吹灭的。有时甚至通宵达旦。就这样,他一边搞设计,一边找人建,当时就利用这点 2 万元钱把土地平整好,房子建好,办起了象山驼绒厂。

吴寿国也了解到驼绒取自骆驼腹部的绒毛,统制后制成的驼绒色泽杏黄、柔软蓬松,是制作高档毛纺织品的重要原料之一。驼制品有轻、柔、暖的特点,已经成为一种重要的出口的物资,但其产量有限,一峰骆驼只能产 0.3 公斤的净绒,相对要比山羊绒更为珍贵。驼绒纤维为中空状结构,有利于空气的储存,是动物绒中耐寒最强,很理想的天然御寒保健品。驼绒的整体稳性较强,经久耐用,还有细柔轻滑保暖性强等优良特性。驼绒的这些特性,应该很有发展前景。但由于驼绒的不断稀缺,目前只能用化纤制品代替了。只要咬准了,就努力去干吧。

但想想容易,做起来还是十分艰难,当时的小厂刚办起来,没有业务,没有资金,更不懂技术,举步艰难。吴寿国每日起早贪黑,凭着一股子拼劲,边筹资金,边奔业务,既当厂长又跑销售……

因为毕竟是创业之初,厂里困难,家里也困难,1987 年,朱玲妹决定到吴寿国的厂里煮饭,为艰难创业的丈夫解决一点力所能及的后顾之忧。没想到给丈夫的厂子当"厨娘",一当就是将近二十年。

从 1987 年办厂之初,多年来朱玲妹一直做饭给员工吃,厨艺也是出了名的。刚办厂时,工厂有十来个职工,朱玲妹负责他们的早饭中饭晚饭一日三餐。

在小儿子小琪的脑海里那一幕回忆依然清晰,每天一早五点,朱玲妹就起床吃好早餐,买好菜到工厂给职工烧早饭,每次路上母亲总是快步如飞,年幼的小琪老是跟不住,一路直哭,但每次总在离工厂 100 米的地方停止哭泣,因为知道到工厂还哭的话,母亲就要打屁股了。做完早餐,大约一个小时后,母亲又拖着小琪回到家里养猪养鸡种番薯土豆,忙个不停,快到中餐时,又要去工厂给工人们煮中饭了,晚上还要准备晚餐。

要是有工人加班，朱玲妹半夜还要来厂里给职工煮宵夜吃。那时由于企业每年都在发展，企业来客基本上是断餐不断日，就餐也都在厂里的食堂吃，由朱玲妹负责操办。工人夜班下班后，朱玲妹还要收拾整理好，最后一个下班。当时厂房在半山腰的边防派出所附近，半夜里山路很黑，沿路很多坟堆。一个人走担惊受怕。厂里很忙，吴寿国根本无暇顾及家里，照顾家里三个孩子的重担也全部落在妻子朱玲妹的肩上。白天没时间洗衣服，有时候只好晚上到山沟里洗衣服，一来一去，经常受惊吓，也落下了心脏不好的毛病。

一直到2004年，企业越来越大，朱玲妹完全可以轻松些了，但是因为厂里工人都喜欢老板娘烧的菜，朱玲妹一直坚持做饭。职工稳定，管好吃饭问题也很重要。吴寿国就说食堂都是赔钱的，只要大家吃好就好。对妻子这么辛苦尽职尽力地帮他管好员工的胃，心里非常感激，朱玲妹平日里家里忙里忙外，家务事都是朱玲妹一手包办。周末家里十多人吃饭，平日里帮忙厂里二等品修补。一年到头非常忙碌。看着默默忙碌的朱玲妹，吴寿国常常感叹自己娶了一个贤惠的妻，真是福气。

苍天不负苦心人，在吴寿国没日没夜奔走操劳中，驼绒厂渐渐有了生机。

开厂第一年，吴寿国的驼绒厂做了42万元产值，但是因为设备和产业都是淘汰下来的，亏损1万元。第二年，帮助搞技术和业务的都撤回去了。很多人又在一边等着看厂子倒闭。但吴寿国想，既然做了，就要把戏唱下来，下定决心打翻身仗。

但毕竟才刚刚起步，因为办厂条件简陋，根本拿不出什么东西可以用来抵押，所以银行不提供一分贷款。找银行贷款无路，吴寿国只有靠多年办厂积累的口碑四处借款，奔波操劳。

好在有着诚恳踏实的口碑，这边供应商的钱先欠着，那边先打借条，就这样东挪西借，总算完成产业初步升级。第二年，完全靠吴寿国自己打拼的第二年，厂里的投入和产出就持平了。虽然只是持平，但持平的业绩给了吴寿国很大的信心，因为通过一年的自力更生摸索，知道了生产的流程，有了自己的客户，培养了自己的技术工人，这些都为以后的发展打下了基础。吴寿国开始憧憬美好的未来，能够沿着自己意愿的轨道，铺展开来……

第三年也就是1989年，吴寿国在驼绒基础上，重点发展羊羔绒和长毛绒，增开4台机器，总数达到8台，也开始向外承接绒布拉毛业务。

机器增加了，吴寿国又动起来料加工的主意。拉绒机不但能够满足自己厂里需要，如果同时开展来料加工业务，还能增加来料加工收入，不是一举两得吗？说干就干！

就像是一部白手起家的创业小说，开篇和情节总是充满了艰辛与曲折，而结局又符合善良的读者的期待。天道酬勤，吴寿国也在一步一步接近他的梦想。驼绒厂逐渐发展壮大。

1989 年，吴寿国的驼绒厂开始盈利，利润达到 10 万元。只有不断投入，扩大生产规模，才能使企业有更多的业务量，更大的发展前景。

企业有了小结余，而且一年年在发展，终于得以从农业银行贷款 5 万元，再加上这一年的 10 万元利润，吴寿国还第一次建了 7 间像样的厂房。虽然只是一排平房，但对于白手起家的吴寿国来说是多么的不容易啊！

厂房建成那天晚上，吴寿国久久难以入眠，绕着房子走了一圈又一圈，皎洁的月光洒在新建的厂房，清风习习，看看旁边的旧窑洞老厂房，看看新建的厂房，吴寿国感慨万千，又信心满满，就像他新生的孩子终于开始学会走路了，可以一步步往前走。那一个夜晚，吴寿国的眼前，仿佛看到周围一栋栋楼房拔地而起，机器隆隆，呈现欣欣向荣的景象……

从零到 10 万，还要到 100 万，1000 万，甚至更多更多，那样乡亲们都能在厂里干活，有了奔头，那该多好啊！想到这，吴寿国感到肩上的责任更大了，在故乡的土地上，这个目前虽然还是小小的厂，还只是一棵小小的树，但是只要根基扎实了，就会枝繁叶茂，滋长更多的绿荫。

1990 年，向来有着远见的吴寿国看到了象山针织服装的产业集群优势，考虑到如果依托这一优势，能够加速企业的发展，于是开始把目标对准针织服装。他的心里是经过多方了解，有着深思熟虑的。

象山针织行业始创于 20 世纪 70 年代末，发展于八九十年代。象山针织的发源地在爵溪。爵溪三面环山，一面临海，交通极为不便，清朝曾是犯人流放地。上世纪 70 年代末，不能"靠山吃山"又难以"靠海吃海"的爵溪人，想到利用本地剩余劳动力发展纺织业致富的路子，但一开始既无技术，更无设备，只知道上海纺织厂效益好。于是爵溪人在宁波请到上海师傅，借车把上海师傅拉到象山，再用轿子把上海师傅抬到海边小镇爵溪，由此点燃了象山针织成长的"星星之火"。凭着强烈的致富意识和精明的头脑，象山人投身针织服装业的致富道路也越来越宽。

当时，很多针织企业走完了作坊——村办企业——乡镇企业——县直企业的发展历程，已经具备了一定的规模和实力。主辅企业成龙配套、相互衔接，已经形成了包括纺、织、染、印、绣、制衣及辅助材料在内的完整产业链，呈现出生机勃勃的特色产业活力。象山县针织工业成为象山县工业经济发展中最具特色和优势的传统行业，成了出口创汇的支柱产业，是全国知名的针织产业集聚地,也是全国最主要的针织服装出口生产基地。

于是在 1990 年,吴寿国投资 10 来万元租用了原旦门派出所的旧房子,搞了一个服装生产车间。果然不出吴寿国所料,投资仅 10 来万元的服装生产车间,当年销售就达到 100 万元。而当时销售在 100 万元以上的,这在象山也是为数不多的几家。上百万企业受到了政府的表彰,被评为重点骨干企业,还奖励了一台 14 寸黑白电视机。奖品虽小,但在吴寿国看来,这是企业发展的一个新的里程碑,企业今后的发展方向更加明确了,而刚起步就尝到大大的甜头,也让吴寿国对服装产业的发展前景充满了信心。

在此之后,企业每年都有新的发展,积累下一点资金就用来扩大再生产,所以现在的佳利集团的大本营的厂房是东一幢,西一幢的,虽然凌乱,没有规划,但是从能够非常清晰地看到企业的发展轨迹。从破窑洞改建的小厂房,到 7 间平房,到一栋栋楼房,13 栋房子,都是企业发展的活地图,在吴寿国心里都有如数家珍的成长故事。

办厂初期的总厂房

从上世纪 80 年代开始,象山很多服装企业依靠外贸出口,实现质的飞跃时,吴寿国也想到了充分借鉴可能带来的前景。

象山针织服装业原来一直以内销为主。1984 年开始,以象山针织厂为代表的部分服装企业开始做外销单子,大多加工简单的文化衫,虽然利润薄,但是量大,资金周转快。这让一批先做外贸的服装企业尝到了甜头。1987 年、1988 年两年,随着日本、台湾地区、香港地区等大量外贸订单的涌入,很多服装企业都从内销转向外销,抢占商机。

"海纳百川、勇立潮头"是象山精神提炼的精髓。精明的象山人从一开始就明白,依靠计划调拨,他们的针织企业竞争不过上海,无法做大做强。于是象山的业务员背着自己的产品,瞄准国有外贸公司,四处托人,争取加工订单,终于在1982年4月,与浙江省纺织品进出口公司合作,委托出口一批棉毛衫到日本,做成了象山针织的第一笔外贸生意。从此象山针织搭上了国际市场的快车,形成了蓬勃发展的态势。1985年,爵溪工业产值突破亿元,成为宁波市第一个亿元镇。随着外贸业务的扩大,港澳地区、美国、澳大利亚客商纷至沓来。具有较强开放意识的象山人再次抓住机会,积极与外商合资合作,联营办厂。1987年11月,甬南企业与澳门南光成立了宁波市第一家合资公司,并率先拿到自营出口权。得益于对外合资合作,象山针织不仅实现了出口自营,摆脱了对国有外贸体系的依赖,完成了从"借船出海"到"扬帆出海"的跨越。

吴寿国的驼绒厂,主要生产鞋子、衣服里子为主,用途非常狭窄,生产类似产品的工厂也多,竞争激烈。再加上做内销,三角债现象非常普遍,债务太多,以致资金周转不灵。考虑到综合因素,吴寿国决定先搞一个服装生产车间。到了1990年,也开始做起了外贸服装。最先因为刚刚起步,没有外贸业务途径,先加工大服装厂委托的来单加工,在此期间,得到了象山针织厂周金梅和荣兴公司杨卫国等针织行家的支持。由于吴寿国一直非常讲究交货的信用,狠抓产品质量,跟合作企业保持了良好的关系,业务量也增加很快。1993年3月还与象山针织厂建立了合作关系,几年后,有了外贸产品生产经验,吴寿国尝试着慢慢和外贸公司进行业务联系。1994年日本的一家客户直接给吴寿国的企业下单,虽然数目不是很大,但也是企业第一次独立开展外贸业务,由于从一开始就合作很好,到现在还有着稳定的业务来往。

于是,吴寿国的驼绒厂从1990年开始着手外贸出口,多方联系业务,经过三年的摸索,销售一年年扩大,1993年,吴寿国的企业销售达到1000万元。年底算了一笔账,这几年净赚150万元。

3.合作

虽然,企业的产值和销售在一年年增加,但吴寿国并没有满足现状,想着自己的企业发展速度有限,靠每年有限的积累一步步发展,步子肯定迈得很慢,毕竟服装产业有着复杂的产业链,如果能和大企业合作,依靠大企业的发展平台，无疑会加速企业的发展步调。那与哪个企业合作比较合适呢？吴寿国想到了当时象山针织服装业的巨头——巨鹰集团。

巨鹰集团是从一个小小的采石业合作小组跨行发展起来的针织企业。1994年，原象山针织厂改制为浙江巨鹰集团股份有限公司。上世纪九十年代中期，爵溪街道绝大多数针织企业处于家庭作坊式的现状，技术创新滞缓，产品档次低，无法体现象山针织行业的规模优势和集聚经济竞争优势。为全力打造"产业航母"，企业把目光投向了爵溪东塘这一杂草丛生的基石地，大胆做出开发建设针织服装工业园区的决策。建成后的园区集设计、织造、绣花、印花、成衣等配套功能于一体，大大提升了象山针织业的档次和形象，带动了针织产业跃上一个新台阶，已经身居象山针织龙头老大地位。

事实上，自打1990年吴寿国在厂里组建了一个服装生产车间后，一直和巨鹰集团有着业务往来和合作的渊源，两家企业间并不陌生。吴寿国的踏实、诚信也给巨鹰集团管理层留下了深刻的印象。为了进一步做大企业，在深思熟虑后，1993年，吴寿国下决心与针织服装龙头企业巨鹰集团合作，也得到了企业老总周金梅的大力支持，将驼绒厂改建成宁波健鹰针织有限公司。吴寿国占60%的股份，巨鹰占40%股份。

依托巨鹰集团龙头老大的坚实平台和大力支持，1993年还建成公司大楼。吴寿国的健鹰就像插上了一双矫健的翅膀，开始翱翔在蓝天，豪情满怀地飞向更为广阔的天空。

1990年转产针织服装时的厂房

从东拼西凑的 2 万元改建破旧的废弃窑洞当厂房,到新大楼的落成,回望这曲折走来的一路,吴寿国深知企业今天的发展来之不易,但只要有信心,有发展的眼光,企业一定会迎来更加光明的发展前景,合作中的巨鹰集团就是很好标杆。

企业有了发展,在吴寿国心里一直特别感激一个人,这就是当年的乡党委书记史久根。要不是当时史久根书记力荐吴寿国担任厂长,就没有这一方可以施展的天地,虽然对纺织行业一窍不通,但在史久根的信任和鼓励下走马上任。直到现在,吴寿国一直非常感谢史书记给他这样一个施展才能的平台,他一直以为,如果没有史书记就没有工厂,也没有今天的发展壮大。

而在好友吕运来看来因为吴寿国人缘好,尽管底子薄,资本不足,但是人缘好,非常朴实厚道诚恳,所以别人都愿意帮他。在发展的过程中,人品非常重要。没有针织经验,没有资金,就凭着人缘好,踏实能干,所以能够发展壮大到今天。

"赶海的儿子创大业",这是《健鹰之歌》中的一句歌词,的确真实地展示了吴寿国的创业人生。赶海的儿子,胸怀和视野如大海般开阔,激情和干劲如海浪般澎湃,一方水土养一方人,赶海的儿子心系故乡创大业。每天,当冉冉升起的第一缕阳光照耀这个村庄,洒在新大楼时,吴寿国总会站在窗口眺望不远处的大海,脑海里总会浮现"海纳百川、勇立潮头"八个大字。路漫漫其修远兮,吾将上下而求索,第一缕阳光升起的地方也是充满希望的沃土,吴寿国一直相信,健硕的翅膀长出来了,就能飞得更高更远……

第六章　危机篇

1.险境

　　中国改革开放以来，几乎一直沉浸在经济高速成长的蜜月当中，几乎没有经历过真正意义的萧条。然而 1997 年 7 月，一场金融危机在亚洲爆发，继而席卷全球。金融危机又称金融风暴，那是 1997 年 7 月 2 日，泰国宣布放弃固定汇率制，实行浮动汇率制，引发了一场遍及东南亚的金融风暴。当天，泰铢兑换美元的汇率下降了 17%，外汇及其他金融市场一片混乱。在泰铢波动的影响下，菲律宾比索、印度尼西亚盾、马来西亚林吉特相继成为国际炒家的攻击对象。8月，马来西亚放弃保卫林吉特的努力。一向坚挺的新加坡元也受到冲击。印尼虽是受"传染"最晚的国家，但受到的冲击最为严重。10 月下旬，国际炒家移师国际金融中心香港，矛头直指香港联系汇率制。台湾当局突然弃守新台币汇率，一天贬值 3.46%，加大了对港币和香港股市的压力。10 月 23 日，香港恒生指数大跌 1 211.47 点；28 日，下跌 1 621.80 点，跌破 9 000 点大关。面对国际金融炒家的猛烈进攻，香港特区政府重申不会改变现行汇率制度，恒生指数上扬，再上万点大关。接着，11 月中旬，东亚的韩国也爆发金融风暴，17 日，韩元对美元的汇率跌至创纪录的 1 008:1.21日，韩国政府不得不向国际货币基金组织求援，暂时控制了危机。但到了 12 月 13 日，韩元对美元

在新西兰与客户合影

的汇率又降至1 737.60:1。韩元危机也冲击了在韩国有大量投资的日本金融业。1997年下半年日本的一系列银行和证券公司相继破产。于是,东南亚金融风暴演变为亚洲金融危机。

比邻源头的中国自然也不例外。席卷而来的金融危机严重影响着各个产业运转不可缺少的资金链。经历了艰苦创业步入发展稳定期,随后依托当地服装巨头平台步入扩大再生产,正雄心勃勃迈步向前的健鹰公司在即将腾空飞得更远的瞬间亦被这一电流击中,险些折断翅膀!

事实上,在亚洲金融危机席卷之前已有了前兆的阴霾。1993年与巨鹰集团合作组建宁波健鹰公司后,紧接着的几年,公司的发展形势一直很好。1995年,吴寿国的健鹰公司还投资200多万元新建了公司大楼,3000多平方米的厂房刚刚建成。正当吴寿国站在新建成的厂房前,憧憬着机器隆隆忙碌景象,憧憬着公司真如健鹰般越飞越高时,一场几乎让不少中小企业致命的亚洲金融危机悄悄袭来。

新建的3000多平方厂房,几乎投入了这些年公司发展的所有资金积累。新厂房1994年建成后,就指望着能扩大生产规模,加速公司的发展步伐。可是,天有不测风云,新厂房刚建成,就赶上了来势汹汹的亚洲金融危机。积累下来的资金全都投入在厂房建设上。缺少流动资金。即使接了单子也没有钱买足够的棉纱,为了及时交单,只能高利贷借钱买原材料。即使买到了,有时因为时间仓促,资金不够,采购的棉纱质量得不到保证,使得产品不能保质交货,好几次面临索赔纠纷。而且随着金融危机的日益升级,业务单子也很难接到。从1994年到1996年,因为亚洲金融危机的影响打乱了公司的发展步调,使得公司的发展陷入恶性循环,身处全球大气候的漩涡,吴寿国深感一个创业者的无力。

随着一波猛烈的金融危机袭来,银行银根紧缩,根本没法贷款。因为企业不景气,银行也不愿贷款,资金陷入困境。而同样受亚洲金融危机影响,健鹰公司所依托的巨鹰集团也走下坡路,正投身自救,根本无力他顾。一切只能靠自己。

然而,因为资金变成资产了,无法周转,发挥效益。厂房可以投产了,因为经济不景气,单子也极少了,即便是订单来了,但买棉纱的钱却没有了。企业面临着一场极为严峻的考验,巧妇难为无米之炊。几乎所有的企业都受到冲击,陷入资金紧张状况。难以开口借钱,银行的大门又紧闭!眼前的新大楼在阳光下熠熠生辉,成了光有华丽外表的外套,每看一眼都却让吴寿国的心一阵阵疼痛。

2.挣扎

原本用来助飞的发动机,如今却反倒成了最大的牵绊。没有流动资金如何买材料,如何接订单,如何再积累?没有资金的积累,如果还掉之前建房子的借款,那就一无所有了。有段时间,吴寿国已经在考虑,如果公司倒闭了,首先该把哪笔钱先还。考虑来考虑去,首先还是要先把借来的钱还掉。

屋漏偏逢连夜雨。

朱玲妹身体一直不太好,吴寿国也因为长期处于办厂的压力中,身体也感到吃力,特别是 1997 年公司陷入困境,吴寿国经常整夜整夜睡不着觉。一直在要不要坚持办下去中苦苦挣扎。

又是一个辗转难眠的夜晚,房间里的挂钟已经敲过了 12 下,皎洁的月光从窗口探头进来, 企图抚慰安睡的梦。而吴寿国却还瞪大眼睛盯着天花板出神,时间一天天过去,形势一天天严峻,心情也越来越焦虑。看着丈夫如此煎熬,朱玲妹看在眼里,疼在心里,深深体会到办企业的艰难。

她知道丈夫向来很有主见,做事沉稳,完全能把握大方向,她也乐得做丈夫背后的贤内助,为他解决后顾之忧。而眼前丈夫面临的坎,是她也无能为力的,但是,总不能老是这样下去,身体肯定要被折磨坏的。

看着丈夫这一阵多出许多的白发,月光里这张仿佛一下子苍老很多的脸,朱玲妹的心也一阵绞痛,差点落下泪来。良久,才平静下来。无论企业怎样,身体最重要。她不能再看着丈夫这样下去了! 于是,她下决心和丈夫谈谈。

"寿国,还睡不着?"

"是啊! 你快睡吧,不要管我!"看着这些日子里一直跟着焦心的妻子,吴寿国觉得心里很歉疚。眼前这个柔弱的女子跟着他将近 20 年,一直跟着他操劳,家里的事已经够她操劳的,如今企业的事也要让她跟着担忧。虽然心里没底,但是他实在不想让妻子跟着受煎熬,想到这,吴寿国的声音更加温柔起来:"玲妹,你先睡吧,不要为我操心,我再想想,总会有办法的!"

"寿国! 要是真办不下去了,咱们就不要办了! 也没什么大不了的! 只要人健健康康地在一起,平平安安就好了! "

妻子的这句话,一下子击中了吴寿国柔软的内心,泪水沿着眼角,在暗处一下子涌出来。

吴寿国知道,妻子是不忍他受尽煎熬才安慰他。他也知道,要放弃是很简单的事。但是这一路走来,从 5 间破窑房到现在已经有了自己的新大楼,3000多平方米的新厂房,放弃总不舍得。更何况,还有几百号人跟着他,看着他。还有年少的梦想,那个有着远大抱负的少年曾经坚毅的决心,这一切的一切都历历在目,割舍放弃又谈何容易?

但是,在席卷全球的金融危机前,个人的力量又是如此微不足道。就如同那个渴望大学的孩子在成分论的大山压迫下,又怎能靠自己推翻,所能做的只有坚持心中的理想,坚持再坚持!虽然没能考上大学,但是也一样可以有一番大作为,话虽这么说,心虽这么想,但是如何解决迫在眉睫的问题呢?

那一阵,吴寿国经常绕着新厂房一圈又一圈地转。有一天不知不觉转到刚创业时的那几间破窑房前。那几间破窑房已经拆建成一排平房。透过窗子,吴寿国常常回想起,那个在煤油灯下伏案设计的小伙子,虽然条件如此艰苦,还是充满了信心。

正沉思间,一位女员工刚好经过,看到吴寿国停住了脚步:"老板,虽然碰到了这么大的困难,你一定要把精神振作起来,不要被困难吓倒。"这位普通女员工的话让吴寿国震了一下。

他想着想着,又不知不觉转回新大楼。看着眼前三层楼厂房,想着刚才那位女职工的话,内心波澜起伏,吴寿国的眼前慢慢明亮起来了,一下子重新振作起来:"一个普通员工都如此乐观,我至少还有这么多新厂房在,一穷二白的时候都挺过来了。这一次只要想办法,一步步来,一定能够渡过难关!"

吴寿国也想起了弟弟吴灵通在 1994 年曾经动员他到宁波市区办厂发展的事。已经在市区办起酒店,将事业搞得风风火火的弟弟劝他离开偏远的旦门,走发展的捷径。因为旦门地理位置制约,发展慢。就凭这么能吃苦,这么会创业,在宁波市区交通便利,一定发展更快,就光土地升值将来也是不小的数目,更何况,弟弟先行在市区发展已经在前面探好路,只等吴寿国过来发展。但吴寿国始终没有心动。虽然弟弟吴灵通有时候会说他,本来全家不用回老家,早就可以在宁波发展的,哥哥办工厂,弟弟搞三产,都可以在宁波发展得很好,家人也可以一起出来,过上更好的日子。

在吴寿国看来,家乡,就只有他一个企业,虽然只有 100 多个职工,但 100多个职工就关系到 100 多户家庭的收入来源。选择创业就是先把故乡的乡亲们带动起来,为土生土长于此的村子做点什么。弟弟笑他傻,但是他却是决心一根筋走下去了!如今,又怎么能轻言放弃!

世上没有不透风的墙!更何况是这个小小的村庄,村里这家最大的企业出问题的事情也早在村庄里传得沸沸扬扬。那天，吴寿国在村里遇到了村里的老书记。老书记朝他说："寿国，边上的灯笼厂，开关厂都办不到三年就倒闭了，你这个厂看样子也要办不下去了，怎么办哦！唉……"老书记的一声长叹，反而更加激发了吴寿国迎难而上的决心，人家办不下去，我一定要办下去！难关总会闯过去的。以前一穷二白的时期也挺过来了，现在没有理由放弃！一定要振作精神，把企业办下去！吴寿国在心里暗暗地下了决心。

那个傍晚，很久没有到海边走走的吴寿国，来到海边。一望无际的大海上，夕阳正缓缓落下，鲜红的晚霞映红了天空和大海，美丽似锦，海浪拍打着堤岸，发出强有力的声音，多么熟悉的旋律，多么宽阔的大海，迎着海风，吴寿国忍不住张开了双臂，他多想对着大海，和着海浪的节拍，高唱一曲，排解这些日子来的压抑心情，也唱出自己的决心，赶海的儿子，又怎能轻易退缩呢？赶海的儿子，就要有深沉博大的情怀，坚忍不拔的意志，才无愧于这方水土！望着一望无际的大海，吴寿国想起了爱迪生曾经说过的一句话："伟大人物的最明显标志，就是他坚强的意志，不管环境变幻到何种地步，他的初衷与希望仍不会有丝毫的改变，而终于克服障碍，以达到期望的目的。"磨砺造就伟人。

耳畔，海浪阵阵。吴寿国又想起了，二次高考落榜后，他曾经一个人跑到海边大哭一场，和大海一起呜咽。为的是不让已经非常自责的母亲看见他哭泣的脸。那绝望的时刻都挺过来了。比起现在的困难，办厂初期，无资金、无业务、无技术，也是纯粹靠意志与信念拼了过来的，毕竟，现在还有这些年积累的固定资产在，还有可以搏一搏的天地！怎能轻言放弃呢！他的胸膛再一次鼓起了坚毅的风帆。

狂风吹着碎雪片，不断扑在一座三层厂房大门前铜匾上的字——宁波健鹰针织有限公司。

夜晚，宁波健鹰针织有限公司总经理的办公室里，一阵急剧的电话铃声响起来。

秘书马上接起了电话：喂，你好，这里是宁波健鹰针织有限公司，你是那里，什么，镇中心医院，啊，名片，对，对，名片是真的，他是我们的总经理，什么，你想找他的家属，好的，你别挂电话，我先过去看看！

走廊上的一个房间，秘书推门而入。

办公桌前，坐着一位美貌的中年女人，她缓缓地抬起头来，渐渐蹙起了秀丽的眉头："什么事呀？"

"朱玲妹！"秘书喘息有点急促起来，"总经理办公室有你的电话！"

朱玲妹未加思索地答道："我正有事，你先替我接了吧！"

秘书马上又返回到总经理的办公室里,再次拿起了电话:"医生,哦,是这样,他的家属就是我们的总务叫朱玲妹,她正忙着,医生,你先对我说清楚,我再转告她,对,我听着呢,什么,哦,哦,哦,是这样的,我马上转告她,马上!"

秘书放下电话,慌乱地跑出了门外,又一头扎进了总务的办公室:"朱姐,不好了,总经理住院了!"

朱玲妹大吃一惊:"什么,你怎么知道的,刚才的电话,是医院打来的?"

"朱玲妹,正是医生打来的电话,说总经理太累了,晕倒的。"

"啊,他,他现在在哪?"

"朱姐,医生告诉我,在这之前,他被人送来的。"

"你不必再说了,我马上去医院!"

"朱姐,外面风很大,你稍等一下,我给你拿件大衣去!"

狂风袭着马路,一辆奥迪轿车疾驶在路面上。

车内,朱玲妹烦躁不安地催促着司机:快点,再快点!

夜晚,镇中心医院里,静悄悄地。

朱玲妹一进医院里,便匆匆忙忙地迈进了医生的办公室。

半小时后,医院的大门口,一辆疾驶而来的出租车在医院的门口停下来,一对老年夫妇从车里下来后,便慌慌张张地走进了医院。

在医院的走廊上,这对老年夫妇正在寻找医生的办公室时,朱玲妹从医生的办公室里刚好出来,三个人迎面而遇。

"爸!妈!"朱玲妹急切地迎上前,"你们也来了,寿国他,正在急诊室呢!"

寿国父一听,不由着急起来:"我们一直劝他当心身体,他就是不听!"

朱玲妹有点为难起来:"我提醒过他的!"

寿国母不满地瞪了儿媳一眼:"你这当儿媳的,就是不会照顾自己的老公,寿国可是我们家里阿多啊!"

"妈!"朱玲妹有口难辩,"寿国他总是不在乎,真的,我经常提醒过他的!"

寿国父不耐烦了:"你们女人别在这个时候拌嘴了,快说,医生答复该怎么处置?"

朱玲妹指了指医生的办公室:"今晚只能先住着,等明天上午会诊后再看看,应该问题不大。"

"什么,明天!"寿国母一听,急了,"我儿子是什么病呀,光等着这些医生看病,还不如先吃了药再说呀!"

"对,对!"寿国父也失去了主张,"你赶快领我们到急诊室去看看,你就说病人的父母已经来了,快点,快点!"

"爸！妈！"朱玲妹一脸苦笑，"你们别急得失去了理智，没诊断清楚，怎能乱吃药，先到医生的办公室里，问问寿国的病情，好吗？"

在医生的办公室里，医生显出很热忱的样子，看着寿国父母："我说这两位当父母的，你们不要着急，病人可能太劳累了，一下子血糖低，观察一下，做些检查，应当没大问题，再说他刚进医院的时间不长，有些检查我们还没做。"

寿国父心这才放了下："是嘛，这就好，他是太累了！"

医生说："现在他需要安静，你们别吵他，知道吗！"

寿国母不由地点起头来："那好，那好！谢谢你们！"

第二天，吴寿国输了盐水，就出院了。但这次累倒并没有减退他的意志。既然决定了走下去，就要风雨兼程。经过四处奔波，和长期积累的诚信以及良好口碑，最终，吴寿国打动了一家银行的行长，答应贷些款给企业，虽然数目不是很大，但也使濒临绝境的企业有了转机。有了资金垫底，就差业务来解围了。

正在这个关键时候，和健鹰公司有着长期业务来往的两个老客户也给了吴寿国最及时的大力支持，帮他解了燃眉之急。

一个客户来自新西兰，现在还一直在做，患难之中见真情，经过这次困境的洗礼，已经成为长期合作的好朋友。这个通过另外一个外贸公司下单到吴寿国的企业，一笔2.75万美元的单子，虽然算不上很大，但对企业起死回生起到关键性的作用。在困境中的拉一把，让吴寿国内心十分感激。吴国寿至今还清晰地记得那一幕。

那天快中午时，宁波健鹰针织有限公司的总经理办公室里，吴寿国焦急地坐在靠墙的沙发上休息。离中午吃饭还有些时间。上午小王打来电话，告诉他银行的单子已经送了。虽然这次危机在预料之中，但是没想到来得这么快，让吴寿国认清了内忧外患，更加深了他的危机感。

吴寿国与新西兰客户在一起

这时，大厅的另一边，

工会主席王赛芬正给几个员工开会。吴寿国虽然听不见他们在说什么，但是那些员工的心情也都显得很低沉，没有一个人注意到吴寿国就坐在不远处的沙发上，好像已经忘了吴寿国是谁，更好像已经忘记他们都是吴寿国一个个招进来的。

吴寿国双目紧闭，仰头枕在沙发上，他还想把耳朵也堵上，免得觉得难受。他在心里默默地问自己：我真的就这样失败了吗？现在，有谁能支持我一把？转危为安！

这时，耳边忽然传来一个温柔的声音："寿国，你怎么一个人在这儿？"

吴寿国睁开眼，原来是妻子朱玲妹。吴寿国鼻子一酸，然后闭上眼，让自己的情绪稳定一些，说："你来干吗了？"吴寿国知道朱玲妹是怕自己难过，也许她这时候走过来和自己搭话，多少给他一点安慰。

吴寿国睁开眼，向周围望了望。朱玲妹坐在他旁边，说："我们一定能挺住的，你会坚强的，天下没有克服不了的困难。"

朱玲妹的话戳到了吴寿国的痛处，可是吴寿国却笑了笑，故作平静地说："是呵！我们一定会过去的！"

吴寿国的一生是在困惑中长大的，经历的也不少，但遇到这样的金融风暴是吴寿国办企业遇到的第一个坎，而且这个坎肯定有很多人没过去。

"寿国，你不要这么一副颓废的样子！其实有很多人都在关注着你，他们在看你怎么对待这个变化。"朱玲妹皱着眉，脸上一副难受的样子。"你以前遇到很多困难，不是都挺过来了吗，你不仅是我的老公，也是我心中一直是最棒的头。相信你一定能行，一定会闯过难关的！"

吴寿国听了，苦笑一声，抬头看了一眼朱玲妹。她深褐色的大眼睛如同天池里的水，清可见底，眼波中透露出的关爱与真诚又让他想到了第一次看到她的情景。吴寿国需要这样的眼神，就像沙漠中的行人渴望甘泉一样。

看到吴寿国注视着自己，朱玲妹垂下眼帘，看着自己紧紧攥在胸前的双手，不知道再安慰吴寿国些什么。

吴寿国注意到朱玲妹的那双手，骨感的手背上显出淡淡的青色，这是一双为吴寿国持家有方，与吴寿国患难与共的手，当年那手指白皙纤细，指肚粉红，如今虽已粗糙了，但此刻，他真想伸手握一下，他知道那双手虽然柔弱，但是一定会传来暖流，温暖他焦灼的心。然而那种愿望只存在一刹那，吴寿国暗骂自己："我还是个男人吗？难道我已经变得这么脆弱了吗？就像是在拳击场，职业选手被打得鼻青脸肿，甚至摔倒在地是常有的事，难道就从此爬不起来，退出比赛了吗？"

"是的，我们一定会挺过去的！"吴寿国语气坚定地说。

尽管朱玲妹带来了些许温暖，但是对吴寿国来说，他依旧像是一个吃了败仗的将军，偷偷地自己疗伤，不想让士兵看出自己有丝毫的软弱。

朱玲妹见吴寿国脸色难看，一副硬撑的样子，就把话题一转，笑着问："你知道我们上次在上海碰到的那位老外吗？他说不定下午会来找我们谈订货的事。"

"噢？这就太好了，现在我们就需要客户。"

"是的，目前我们需要的是资金链不能断。"朱玲妹的眼睛很亮，兴奋地说。吴寿国本来不想再说话，被热情的朱玲妹一带，脸上有了些笑容。他知道如果这位客户真的能来，企业就能有生还的可能！于是，就顺着朱玲妹的话问："那好，他什么时候能来？"

朱玲妹摇摇头说："我也不知道。"

吴寿国看朱玲妹也一片迷茫，便转了个话题说："你知道怎样接待客户吗？"

"我知道！就是要稳定住客户。"

"说得不错，但如何稳住呢？"

"销售学上不是说了，它有个流程，一一对应地采取销售的步骤，即在合适的时间，找合适的人，做合适的事。这流程是：一准备；二探寻；三方案；四证明；五成交；六维护。"朱玲妹数着指头，一口气说了出来。"我再简单解释一下这六步，你看对不对啊。"

吴寿国笑着点点头，心说："老婆文化虽然不高，记忆和理解力还真好。"

"我们在拜访客户之前，要先做好'准备'，比如说要先收集各种客户和行业的信息，做好拜访计划。接着在接触客户的时候，通过提问等方式，'探寻'客户的状况，找到一些可能'触发'或打破'稳定'状况的因素，引发客户的需求。"朱玲妹越说越快。

"之后，根据客户的需求，制作恰当的'方案'，再用邀请客户参观等方式，提供有力的'证明'，促进成交。在成交之后，还要注意维护客户关系，做好售后服务，这样客户就会满意，从而成为回头客，为我们带来重复的生意，开始下一个采购流程。"朱玲妹说完，拍了拍前胸，眼睛往上一翻，"哎哟，差点没喘过气来！"

吴寿国呵呵地笑了起来，把刚才的烦恼一下都忘光了："说得好！有人只知道销售，但是不知道是根据什么来的。我们做销售，就是要以客户为中心。"

"这个我懂，你以前和我说过，销售要以客户的行为习惯与需求为中心。"

"看看，刚夸了你一句，就不谦虚了吧。这每个步骤里面还有很多小技巧呢！比如如何提问，如何演示，如何制作方案，还有怎么促进成交等等，你可要好好学呦！"

吴寿国看看表，已经 12 点了，到了午饭时间，就跟朱玲妹说："我们到外面吃点午饭吧，怎么样？"

"好吧！"

"那你想吃点什么？"

"随便啦，我主要想和你聊聊天儿，现在企业这么困难，该怎么办。"

"那好，我们就去石浦镇的那家海鲜餐厅好不好？"

"哦？我听说那里很贵的。"朱玲妹心痛地说。

"不过那里的菜很地道，没关系。"

"我是不想那么奢侈。"

"哎！你啊，遇到点事就这样，还能干大事业！"

"那别点太多，简单点儿。"

"好，你放心。"

吴寿国的话音刚落，朱玲妹的手机响了，一看手机的号码，朱玲妹脸上笑了，朝吴寿国说："来电话，新西兰的客户。"说着，绕到离吴寿国不远的墙角，急切地说：

"同意与我们合作了吗？"

"同意。我刚好有点时间，咱们能见面聊聊吧。"对方说。

"好吧，你在哪里？"朱玲妹问。

"在宁波大酒店，你们什么时候能到？"

"下午两点半之前一定赶到。"

"好的，我在宾馆等你们。"

"好吧，下午见。"朱玲妹关掉手机，来到吴寿国面前。

"对方说了，下午两点半在宁波大酒店等我们。我们随便吃点就走吧！"

吴寿国一下子高兴起来说："太好了，走！"

3.脱险

中午，明媚的阳光洒满象山半岛，把海面照耀得波光荡漾。吴寿国夫妇从象山出发，一路山水都是迷茫的，它们的心境与吴寿国一样，也不知这次会谈是怎么样的？下午两点半，吴寿国准时到达宁波大酒店。这里可算是宁波的闹市中心，聚集了宁波繁华的商业街区，那些耳熟能详的金融机构，商店和天一广场都在这里。街上各大银行门口，公司的旗帜随风飘扬，把大厦变成了一座座堡垒。其中一座面对中山路的高大建筑就是宁波大酒店。

吴寿国这次来就是为了和新西兰客人朗特再进一步洽谈合作事宜。朗特五十岁上下，银发卷曲，皮肤微红，穿着一件红 T 恤。他从落地窗向外望去，宁波市区的景致尽收眼底，甚至能看到远处桥上穿梭的车流。

吴寿国夫妇进到他下榻的房间，他用炯炯有神的蓝眼睛看了看吴寿国，一边笑着用生硬的中国话说，欢迎你们，一边去倒茶。

吴寿国夫妇坐定，转过头问道。

"您一定第一次到宁波吧？您对宁波印象如何？"

"不，我已是这里的常客了。"朗特笑了笑说，"是呀，宁波真是个好地方。"然后朝吴寿国端起了茶杯："欢迎你们，祝咱们合作成功！"

吴寿国微笑着和朗特碰了一下杯子。他喝了一口红茶，皱了一下眉。他不习惯这种味道，他喝惯绿茶。

"朗特先生。"吴寿国说，"坦率地说，这次金融危机，我的企业受到影响，但我们的货源还是很足，希望我们的合作能够成功。我们和你谈合作，就是希望能借助你的资金，快速打开产品销路。当然，合作是互惠的。你也可以利用我们的资源拓展你的市场。"

"是的。目前在中国，从政策上说，对外开放还在进行，我们也非常希望通过与你们合作，共同开拓市场。我想先与你们签定 3 万美金的合同，以后视情增加。你们看行吗？"

朗特的定量虽然不大，但点到了关键之处，也是吴寿国所希望的。

"好的。我们先按你的意思签约，以后合作的机会还多着。"吴寿国站起来握着朗特的手说。

"好，今天的见面很愉快，谢谢你们从象山赶过来。"朗特也慢慢地站起身，朝吴寿国伸出手。

整个下午的会谈是愉快的，天也黑了，吴寿国建议一起吃晚饭。

"好啊，我来安排吧。"朗特说。

朱玲妹说："我们来。"也伸出手去和朗特握手。

"就在这里的西餐厅吧。"三人边说边笑着走出了房间。

说实话，吴寿国最不喜欢吃西餐，他现在就想喝一碗热粥，可一是担心这里没有，二是怕朗特看不起，只好忍着。

"您要的烤蔬菜。"服务员把一盘菜放在吴寿国面前。吴寿国用刀叉切开一块茄片，放入口中，才发现烤蔬菜竟然是凉的。原来，菜是事先烤好，又放在冰箱里冷藏的。

"嗨,朗特,最近生意怎么样?"一位经理模样,身着西装,胸前口袋插着雪白手帕的人边说边端着一盘蔬菜沙拉轻轻地放在朗特面前,像是朗特的老朋友。

"很好!"朗特朝来人笑了笑。

"您的沙拉,只放了点橄榄油。"

"谢谢!"朗特朝那位经理点点头,笑着说。

朗特的话音刚落,来人为朗特撒下了酒杯,换上一只新杯子。从身边的推车上取下一瓶 Perrier 矿泉水,为他加满,又说:"怎么样,今天的牛排好吗?"

"很好,谢谢你。"

"您呢,先生,你的烤蔬菜好吗?"来人又问吴寿国。

"噢,好,好!"吴寿国不假思索地说。

"谢谢,请你们慢用。"来人又微笑着走了。

"这个餐厅一向让我很满意。"朗特望着那位远去的经理,对吴寿国说。

吴寿国心里却觉得纳闷:这儿的服务哪好呀?都是凉的。于是问道:"您能告诉我,您对这里的什么最满意吗?"

"当然不是价格,而是服务。你看,这里的经理和服务员都记得客人的习惯,他们知道我吃沙拉从不放任何酱,也知道我在喝了两杯马爹利之后要喝 Perrier 矿泉水。牢记客户的身份和习惯,做好服务,会让客户觉得重要和满足,这是生意之道。我相信,我们的合作也会是这样的,祝我们合作成功。"

吴寿国点点头,也端起杯子说:"祝我们合作成功!"

有了新西兰客户的合作,就像一条潺潺溪流让吴寿国的企业有了转机。

或许命运真的会眷顾善良的人。在 1995 年 5 月的一天,吴寿国曾又看过另一缕曙光。这一天阳光明媚,窗外绿意融融,但吴寿国的心还是忐忑的。虽然有了新西兰客户的支持,但毕竟是一笔小生意,能维持一阵,但从长远看,如果形势一直不景气,公司要进一步发展壮大,还是有点底气不足。正在忧虑间,吴寿国办公桌上的电话铃响了。是和吴寿国公司有着长期合作关系的东阳时装三厂的总经理打来的。这个电话,让吴寿国喜出望外。

原来,日本新棉公司和吴寿国公司的长期合作伙伴东阳时装三厂一直有着业务往来。日本新棉公司的梭织服装一直在东阳时装三厂定点加工,针织服装原来是在香港地区加工,成本较高。90 年代,看到中国东南沿海的针织服装产业兴起后,日本新棉公司一直想找一家合作厂家,前几天专门委托有着长期合作关系的东阳时装三厂物色一家。

东阳时装三厂与吴寿国的公司有业务往来也已很久,虽然吴寿国当时的公司不大，但是长期良好的合作关系和吴寿国本人诚实可信的好印象，让时装三厂很自然地想到了吴寿国的公司。于是就有了这个在吴寿国看来是雪中送炭的电话。

几天后，得知日本新棉公司的老板平佑阶先生来东阳，吴寿国动身赶去。在东阳时装三厂，吴寿国见到了日本新棉公司的老板，平佑阶先生比吴寿国大5岁，黝黑的脸孔，略胖的中等身材，一看就是典型的日本人，非常严谨务实，和吴寿国一见如故，相谈甚欢，当场就签订了第一笔3万美元的业务，先通过东阳时装三厂中转。之后年年都有增加，到1997年，业务量已经提高到100万美金。1999年，日本新棉公司凭着和吴寿国公司的良好合作，直接和吴寿国公司建立了长期的合作关系。现在每年的业务量已经稳定在250万美元，成了吴寿国公司稳定的客户和相互信赖的朋友。

有了这两个客户的支撑，让吴寿国挺过了难关。现在健鹰公司和这两家客户一直在合作，关系非常好，成了同呼吸共命运的患难之交。

因为懂得，所以慈悲。这次起死回生的经历让吴寿国更加懂得人与人之间互帮互助的悲悯。也深深体验身临绝境中的人是怎样的挣扎，此时此刻，一个微笑，一句话，一双手，就是那一缕重又照亮前方的新生的阳光。

"山重水复疑无路，柳暗花明又一村。"胜利属于最坚韧的人。

在靠着一笔贷款和两个老客户的帮助渡过最大的难关后，1998年开始，公司的发展形势就开始好了起来。一年上一个台阶。到了2003年，宁波健鹰公司的销售首次突破1个亿，外贸出口2000万美元。当时象山县销售上亿元的企业就只有7、8家企业。从困境中挺过来的健鹰公司就是其中一家。

在吴寿国的办公室里，一整排书架占据了整整一堵墙，正中间的位置摆放着一张巨大的毛主席的像，那是一幅毛主席在天安门城楼上挥手的像，他说："像这样的像他一共有五幅。"另一面墙上挂着一幅书法作品，是毛主席的诗词《沁园春·雪》。看得出吴寿国对毛主席这位伟人的崇拜之情。而在他的办公室里，还悬挂着一副对联，上面写着："立身以仁义为基，创业以诚毅为本。"这也是他的为人立业的座右铭。

正是在苦难中历练的悲悯情怀和仁义之心让吴寿国的眼神越来越清澈，内心越来越坚定：只有企业兴旺了，才有更多的力量去帮助需要帮助的人。他多么庆幸自己没有轻言放弃。人说，退一步，海阔天空，原来，坚持一步，也一样是海阔天空！

第七章 发展篇

1.远略

　　2005年夏季的一天,原在象山地方税务局工作的潘建华先生(他已于三年前辞职去新疆阿克苏地区搞房地产开发)带着阿克苏地区的一家棉纺厂的老板来到象山县寻求针织服装企业的合作伙伴,当时潘建华先生心里第一个人选就是吴寿国,因为吴寿国的企业在象山县的针织服装行业中,规模位居前列,而且董事长吴寿国在当地有着良好的口碑。潘建华先生回到家乡象山后,马上联系了吴寿国。遗憾的是,当时吴寿国正在新西兰考察,与潘建华先生交错而过。

　　而当时已经是象山县针织服装业巨头的浙江巨鹰集团已于2003年在阿克苏地区成功地收购了一家棉纺厂,取得了明显的效益,在当地已有很大的反响,取得了明显的效益。

　　于是热心的潘建华先生于2006年春节期间再次找到吴寿国,道出去新疆投资的有利条件,这让吴寿国很感兴趣。

　　当时,吴寿国的健鹰针织有限公司正处于发展的一个重要阶段,一是外贸出口已于2003年实现服装销售上亿元,二是到2005年产值已接近2亿元。

　　虽然走出危机之后,吴寿国的企业有了长足的发展,但是企业在定山、新桥、黄避岙及丹城等地扩张后,收益不高,利润薄,流动资金也短缺,加上债务多,负担重。

针对这些情况，吴寿国和财务总监张亚玲等公司管理高层越来越明白，要保证企业稳定发展，必须要另选办法，另辟途径。因此，在和潘建华那一番长谈后，吴寿国心里更明确了方向。

2006年3月间，人们刚过完春节不久，喜庆的节日气氛还没有过去，但吴寿国已经坐不住了。因为原材料上涨得厉害，尤其是棉纱，所以必须寻找新的出路！

"针织服装厂如今在象山是遍地开花，竞争激烈，加上原材料涨价，利润微薄，如果没有产业链的延伸，没有竞争力的东西，很难有长足的发展。"吴寿国在办公室对大伙说。

大家对董事长提出的问题，七嘴八舌，有的说这个主意好，有的说，新疆遥远，成本更高。意见很不统一。

吴寿国看着众人的眼神，说道："好，既然大家还有不同意见，我认为可以先去考察一下，毛泽东不是说嘛，不入虎穴，焉得虎子，我们先去新疆看看。"

这时候，正巧潘建华先生再次造访，吴寿国觉得这的确是一次机会。但是他考虑到毕竟合作投资大，路途远，先前又没有这方面的经验，经过多次缜密的思量和准备，吴寿国决定带着公司的其他两位高层副总经理吴红旗和财务总监张亚玲一起到新疆实地考察后再作决定。

2006年3月中旬，吴寿国三人风雨兼程，用了34天时间，先后考察了当他的两个棉纺织工厂，并和其中一个工厂达成合作意向。准备收购这个有2万纱锭生产能力的棉纺厂。

在新疆达成初步合作意向后，对方看到吴寿国对双方的合作前景如此看好，临时又提高了企业的收购价格。合作企业的这一出尔反尔的行为让吴寿国对企业合作的诚意和诚信度表示怀疑，毅然离开新疆，返回象山。

没想到吴寿国前脚刚回到象山，那家合作企业所在的新疆阿克苏地区新和县的县委书记和县长后脚就登门拜访，为当地那家企业的行为向吴寿国表示歉意，并真诚地表达了合作的意愿，再三邀请吴寿国能去新疆作深入考察，能与当地企业合作实现共赢。

吴寿国被新疆当地父母官的诚意打动了，决定

再次赶赴新疆对那家合作企业作进一步的了解和考察，特别是详细了解财务方面情况。于是，吴寿国决定带财务总监张亚玲和公司的法律顾问吕运来及审计顾问王旦云再次去新疆作进一步的了解后，再启动具体的合作事宜。

吕运来得知吴寿国的决定后非常支持。

有一天中午，吕运来正在石浦办事，刚巧碰上吴寿国就问："我们什么时候动身去新疆？"吴寿国说道："下星期。好了，先不说了，我们去吃饭吧。"吕运来没有异议，便和吴寿国等人朝海边走去。

众人来到石浦一条街，他们在街上逛着，吴寿国问道："你们想吃什么好吃的？"吕运来急忙凑上前说道："寿国，我们去吃麻辣烫吧，天冷吃点热乎的。"吴寿国说道："我没意见，走，找找看，哪里有。"众人转了老半天，才找见一间麻辣烫饭馆，大家便走了进去。服务员看见吴寿国等人进来连忙迎上前说道："先生几位？"

"六位，给我们个包间。"吕运来走上前说道。

"对不起几位，我们这包间都已经坐满了，现在就是大厅还有几张大桌子了。"服务员连忙说道。"那好吧，给我们找张好桌子。"吴寿国并不在乎在哪里吃饭，只要现在大家开心就好，不要为物价上涨而烦恼就行了。

"好好好，请问是要鸳鸯锅，还是海鲜锅？微辣，中辣，还是特辣？"服务员继续问道。

"中辣吧，鸳鸯锅。"

"好嘞，这边请。"说完，服务员便做出了个请的姿势，然后前面带路朝空桌子走去。众人跟了上去，坐下之后，吴寿国拿着菜单，点了些菜。

吕运来首先开口道："寿国，这几年中我先后去了好几趟新疆，到了乌鲁木齐发现那里的治安很乱，带我们走的路并不是直接去的路，他们走的那路总要绕上很大一圈，冤啊！"

吴寿国点了点头，然后对张亚玲说道："你下午就去买机票，越快越好。"

张亚玲急忙说道："可是你的身体？我觉得我们还是再等一段时间，等你身体完全康复了我们再去吧。"

其他人连忙应声道："是啊，是啊，还是等一段时间吧。"

吴寿国摆了摆手，说道："不用了，我现在身体还好，没什么大碍。"众人跟了吴寿国这么长时间，当然知道他的脾气，只好不再说什么了。

吃完饭后，张亚玲便去买票了，其他人回到了住处。

乔布斯说过：一个企业要取得成功，它必须不断地寻求新的刺激。

吴寿国去阿克苏地区，是不是也是寻找新的刺激呢！

张亚玲回来了。

"怎么样？票买上了么？"吴寿国问道。

张亚玲掏出机票,说道:"买上了,是下周三,15号的。"

吴寿国点了点头说道:"好,下周三出发。"

时间真快,下周三很快就到了,下午14时50许,吴寿国一行来到宁波栎社机场。

签证,过安检,登机,一切都那么顺利。

随着飞机引擎的声音,吴寿国等人再次踏进了新疆,开始了新的寻找。

然而,等待他们的是什么？一切都是未知数。

吴寿国半躺在座位上,似睡非睡,内心复杂,回想着过去的一幕一幕。如果,上次阿克苏地区的县领导不来象山,我吴寿国今天不可能再坐这飞机的。吴寿国在机上的思绪特别乱,有时还会想到吴灵通,眼角不禁会流出眼泪,谁说男儿有泪不轻弹？只是未到伤心处。吴寿国轻声自言自语道。吴寿国转了个身,想到了当年吴灵通在新疆时为他结婚援助了800元的情景,吴寿国觉得很对不起他们,什么叫亲情,就是在最困难的时候,能拿着自己的生命去为兄弟卖命。此时的吴寿国坚定了一个信念,就是:不论自己以后会成什么样子,都要以最大的能力去再发展,帮助自己的亲人,照顾自己的亲人。过了很长时间,伴随着飞机的"轰隆"声,吴寿国渐渐地睡着了。

经过了六个小时的飞行,飞机到达了新疆的首府乌鲁木齐。随之而来的是什么呢？吴寿国等人的命运究竟会怎样呢？吴寿国又会发生什么事情呢？

机场到市区还有一段路,吴寿国他们坐上开往乌鲁木齐市的班车,车轮碾过西域的尘土,给人们留下迷茫的雾霾。当他们到达乌鲁木齐市后,吴寿国停止脚步,对着身边的吕运来说道:"安排找个宾馆休息吧。"吕运来点了点头,便径直朝外走去。

吴寿国回头对其他人说道:"我们先出去吃点东西吧。"众人无异议,便跟着吴寿国朝外面走去。车站外有很多的饭店,大小不一,从饭店内飘出的阵阵饭菜香味,顿时勾起了吴寿国等人的食欲。转了一阵,终于找见了并不算很大的饭店,吴寿国等人便走了进去。一个哈萨小伙子立马跑了过来,说道:"进进进,这边走,这边走。"小伙子边往前走边引领着吴寿国等人坐到了一张桌子跟前,吴寿国等人坐下后。小伙子问道:"吃点什么？" 吴寿国对一道来的吕运来说道:"你点吧,我随便。"张亚玲说道:"早就听说新疆的大盘鸡特别出名了,先来个大盘鸡吧。"然后点了自己喜欢吃的饭菜后,那名服务员给大家倒完水后便离开了。

"叮铃铃"随着电话声音响起,众人你看看我,我看看你。

吴寿国说道:"不是我的。"

吕运来也说:"也不是我的。"

张亚玲说道:"是我的。"说完还不好意思地笑了起来。众人用疑惑的眼神看向张亚玲。

张亚玲明白他们的意思,连忙说道:"我先接完电话,再给你们解释。"说完,便接通了电话,电话是从宁波打来的,对方问道:"你现在在哪?"

"阿克苏地区。"

"那么远?"

"是的,有事吗?没事我挂了。"说完便把电话挂了。

张亚玲挂掉电话后说道:"我哥打的电话。"说完还不好意思地低下了头,就像是未出嫁大姑娘一样,害羞的不好意思见人。

大家听完全都"哈哈"大笑起来。听着众人的笑声,张亚玲越加感到不好意思,脸更红了。

吴寿国也忍住不笑了。

过了好大一阵,吴寿国说道:"我们又没说什么?有什么不好意思的。"

过了一阵,吕运来走了进来,说道:"找好了,今晚就住鸿福金兰大酒店。定了3间双人房。"

吴寿国点了点头应声道:"好,坐吧。"此时服务员正好将菜一一端了上来,看见那色香味具全的饭菜,众人都咽了口水,并没有动筷子,因为吴寿国还没有动筷子,其他人怎么好先动?

吴寿国看了看大家,说道:"大家赶快吃吧,以后不用那么拘束,拘束会让人见外的。"众人听了吴寿国的话后,什么话都没说,拿起筷子就疯狂地抢着自己喜欢吃的饭菜。

吴寿国急忙喊道:"给我留点,给我留个羊蹄。"

过了一阵,吕运来摸着自己鼓鼓的肚子,说道:"美味吃多了,撑死我了。"吴寿国笑着说道:"谁让你吃那么多的。"

吕运来不服地说道:"寿国,你没看他们几个,老抢我的菜。"

顾问王旦云骂道:"你个死猴子,谁让你先抢我的烤肉的。"

众人顿时对骂了起来。吴寿国并没有阻止他们,这样才能让他们更加的融洽。

闹了一阵,大家都休息的差不多了。众人便走了出去,走到吧台跟前,吴寿国说道:"老板收钱。"

在吧台里面坐着的正是这间饭店的老板，满脸的胡茬，挺着个啤酒肚，身高大概有一米八左右，浓眉大眼，说道："一共是一千零二十。"

吃完饭，天突然下起大雨，吴寿国等人被雨淋了一身。

吕运来带着众人来到鸿福金兰大酒店，几人的房间分别是505、506、507，连着的三个房间，吴寿国自己一间房间，张亚玲是女同志，也一间，吕运来和王旦云两个人一个房间，当众人走到房门口的时候，吴寿国说道："一个小时后大家到我房间来开会。"

众人应了一声，然后便回自己的房间去了。

吴寿国进到自己的房间，便去洗澡了。

大概也就过了一个小时，众人纷纷来到了吴寿国的房间，找了个地方便坐了下来。过了一会，吴寿国开口说道："今天大家来商量一下今后怎么去发展？"说完便从抽屉里面拿出一张地图，继续说道："这是新疆地图，我的意思是，虽然这里是首府，整个新疆最繁华的城市，但是我们放弃在这里发展，就是因为这里是首府，它不适宜我们所需。所以，我决定去新疆阿克苏地区的阿瓦地县。据我所知，那里的经济发展状况并不比首府差，隐隐还有超越首府的可能性。所以我决定到那里去发展。不知道你们有什么建议？"众人听了吴寿国的话后，深表赞同。

吴寿国继续说道："好，那我们明天就出发，现在我们没有多余的时间去观光旅游了，委屈大家了。"

2006年3月16日，吴寿国等人顺利地从首府乌鲁木齐再坐飞机到达了阿克苏地区，面对一个陌生的城市，面对陌生的人，一切都要重新开始了，当然，首先要做的就是先找到住的地方。

他们在市区的一家旅馆住下来，晚上吴寿国又找大家商量。

过了一阵，吴寿国干咳两声，说道："好了，说正事吧。"接着，吴寿国说："下面我开始分配任务，吕运来，你和亚玲去摸摸县里的经济情况，要具体点的。我和王顾问去找县领导。大家清楚了么？"

"清楚。好，呆会我

们出去吃饭,吃完饭以后行动。"

"是。"众人一起答道。

阿克苏地区的阿瓦地县的夜晚是很冷的。经过3个多月的调查和谈判,大家都感到失望。

"县里这家棉纺织厂只有2万元的老设备,70多亩土地,有3600万债务。"吕运来说着。

"我们也觉得不行,老板,我看还是别在这种地方拓展了。"

"放弃吧,另找合作伙伴。"

一起来的几个人纷纷说着。

夜深了,此时已经是凌晨一点钟了,吴寿国躺在床上,久久不能入睡,满脑子想的都是如何在新疆这个地方找到自己的创业基地。

吴寿国一直觉得,不吃亏就足够了,不能赚昧心钱,还是要沉下心来继续找。

得知吴寿国的这一决心一起来的人都露出惊讶的表情, 怎么还要做呀?! 这也太不现实了吧。吴寿国从他们的脸上看出了众人的疑惑,说道:"没错,我们一定会找到的! 有目标才会有动力,时间对于我们来说太宝贵了,所以我们要抓住每一分每一秒,其他的话我不想说什么了, 我只想说, 你们有没有信心?"过了好大一阵,众人才齐声喊道:"有,我们有信心。"

吴寿国看着众人满脸的兴奋劲,说道:"好,为了我们理想, 为了我们的未来, 我们努力吧,努力去实现自己的梦想。"

纺织公司一角

经过大家分析比较,最后商定在新和县寻找合作厂家。新和县对这一合作非常重视,听到吴寿国有合作意向后,县委书记刘宝升和副书记黄新敏马上赶了220公里路来到吴寿国下榻的阿克苏市。吴寿国看到他们如此重视,马上坐他们的车来到新和县。

那是一片戈壁滩。吴寿国一行考察后觉得，地理位置还不错，交通方便，县里没有棉纺厂，也非常穷，一年的财政收入 4000 万不到。谈判结果是，花 400 万一个，购买了两个轧花厂。300 亩棉纺厂的土地零出让。

"今天我们就去好好大吃一顿。"吴寿国说道。

其他人全都沸腾起来，大声地叫喊着。众人打了三辆的士，吴寿国坐在最前面，对旁边的司机说道，"带我们去你们这最好的饭店。"

司机说道："我们这最好的饭店就是天富饭店了，一条龙服务。""就带我们去那。"大概过了有半个小时，车慢慢地停在了一个大门前，大门上写着天富饭店。天富饭店位于素有"戈壁明珠"之称的新疆 S 市，是由新疆天瑞恩基有限公司管理经营，集餐饮、客房、娱乐、商务为一体的、兵团第一家、S 市唯一一家准五星级旅游涉外饭店。当吴寿国等人进入饭店后，大门两边站着数位服务员，弯腰说道："欢迎光临。"

单看那些服务员，一个个都是那么漂亮，身高都在一米七以上，面带微笑，显然受过严格的培训。众人坐进一个包厢，包厢内电视，沙发，茶几等一应俱全，到这里面来吃饭，简直就是一种享受。看着菜单上的菜名，根本就不知道点哪个，哪个都想要尝尝，看的可真是眼花缭乱的。尽管吴寿国几乎是天天都有的吃，可是却从来没有吃过菜单上的那些，菜单上几乎都是新疆的特色菜，从来没来过新疆的吴寿国，怎么可能吃到，更别说其他人了，此时，其他人看着菜单上的菜，口水都流下来了。吴寿国寥寥地点了十几道样式看上去好看的菜。等饭菜上来之后，众人真是狼吞虎咽，争夺自己喜爱吃的饭菜。

2006 年 8 月 10 日，吴寿国与新疆方正式签定合约。签字后压力很大，当时

新疆棉纺织厂设备一角

收购资金需要几千万,一个棉纺厂建起来,至少需要七八千万。所以签约后,吴寿国睡不着觉,给大儿子发消息说:"签字后,我感觉压力非常大,但是我相信困难是暂时的,总会过去的。"

2006年当年收购了棉花,马上卖出去。2007年开始设计建造棉纺厂,2009年开始投产。2010年马上启动5万纱锭棉纺项目,紧接着吴寿国又启动二期工作。

2011年完成土建工程,计划于2012年4、5月份安装机器,9月份投产,投产后棉纺总量可达8万纱锭,一年能生产8000多吨棉纱。

2.瓶颈

企业发展就如同人生一样,有高峰,也有低谷;也如同大海中的航船,一会儿在浪峰上,一会儿在浪谷中。吴寿国的企业正是如此,到2006年、2007年间企业又碰到了新的管理困难:公司的发展遇到了制约的瓶颈。原来培养的骨干从家庭作坊小打小闹管理跟上来的,随着新形势的发展,已经适应不了当时发展的管理要求。管理水平,思想观念也都已经跟不上。那时有员工1200人,普遍学历不高,管理人员也一样,管理水平跟不上发展的需要;到了2007年企业亏损了1000多万,其中一笔业务被客户骗走100万美金,另一方面因为管理问题,质量问题再加上原材料涨价,成本增加,内忧外患一并袭来,给吴寿国严峻的考验。这段时间虽然订单很大很多,企业有5个加工点,外发遍地开花,交货质量不高。

这让吴寿国大伤脑筋。

从下面的这一幕情境就可以想见吴寿国当时遇到了多大的困难:

"爸爸!"吴泯秀用力地抱住吴寿国。她好想爸爸,也好想家。只是爸爸不开口,她就下不了决心回来。

"嗯。回来就好,回来就好。"吴寿国早在叫女儿不要嫁给老外的时候就后悔了。只是,拉不下脸让女儿回来。现在好了,女儿回来了。

"妈妈。"抱了抱站在边上的小孙女。吴泯秀真的觉得自己很任性。

"吴泯秀啊,你回来就好,回来就好。"她也只能说这一句。

吴寿国看着站在边上的孙女:"长得真好。"

"囡囡,叫外公。"拉过孙女的手。这是她的骄傲呢。

员工的班前会议

"外公好，外婆好。"外孙女很有礼貌的点了点头。跟两位长辈打招呼。

"嗯。"吴寿国一手拉着女儿，一手拉着外孙女进屋。

"爸爸。公司到底怎么样了。为什么会出现危机的传闻呢？"吴泯秀一坐下，就迫不及待地问公司的情况。她想知道她可以做什么？

"没事，你休息两天，公司的事不急在这一时。"吴寿国不忍心让吴泯秀一回来就面对公司的烦心事。

"不行。我一定要先知道。"吴泯秀哪有心思休息。家里出事了，她又是父母唯一的女孩子。怎么可能袖手旁观呢？

"那好吧，玲妹，你先带外孙女去休息吧。大人受得了，小孩子可能会受不了。"

"好。"玲妹拉过外孙女的手，带着囡囡去休息。小孙女知道妈妈和外公有事要谈，所以乖乖地跟着外婆走。

"吴泯秀。你有没有听过××企业吗？"吴寿国先开口。

"怎么可能会没听过。"涉及建筑，金融，电子，还有饭店行业的××企业在上海排名前十。他的总裁更是常常上财经版的头条。可是，这和他们有什么关系？和××企业比起来，我们只是一家生产针织服装的小公司而已。

"我们公司的危机和这家企业有什么关系吗？"——不然爸爸提它做什么？

"是这样的。"吴寿国叹了口气："前几个月你大哥一时贪念，以为有利可图，就与人家签下了今年内一整年的供货合同。哪里知道，从上个月开始，棉纱的原材料的价格一直在上涨,而公司的存货又不多。如果继续按合同的价格供货的话,我们最少要亏几百万。可是如果不供货,那么我们也要付高额的违约金。"

吴寿国想到这里,再次叹息。他也算是老江湖了,哪里知道计划永远跟不上变化,如果他早知道棉纱价格会上涨成现在这个样子。他也不会同意儿子去签那个合同。

吴泯秀皱眉,在商言商的道理她还是懂的。既然合同已经签了,自然不能违约。可是如果继续合同也是损失,那——

"爸爸,那你现在是想中止合同还是继续?"

"你看现在这个情况,不管合同是不是继续,我们都是亏的啊。所以才找你回来商量一下怎么办?"吴寿国就这一个女儿。原本以为……哪里知道现在变成这个样子了。

看来他不但不能留财产给儿女们,反而很可能会让儿女们替他背债。唉,他真是没用。

"爸爸。你有没有找过这家企业的人?说明一下我们公司遇到的问题?对方可以捡这个现成的便宜,就算他们知道也不会管吧?"

"怎么没找过。我找过他们的营业部经理,也找过他们采购部经理。可是他们都说合同签了就要履行。如果不履行的话就要让我们赔偿损失。"

"泯秀,实在不行的话,也只能赔给他们了。对不起了,以后的日子只能过得苦一点。"

"爸爸。既然我回来了,那我去找他们谈一下,看看情况怎么样好了。"虽然是自己公司的问题出在前面,不过,吴泯秀认为还是应该坚持一下。她也不希望家业里就这样垮掉。

"好吧。不过,不要勉强。"吴寿国不认为吴泯秀出面会有什么作用。其实他也只是让吴泯秀回来知道一下这件事。事实上他已经做好了准备了。

"嗯。"吴泯秀点头。她已经开始想,要怎么做了。

然而,吴寿国没有让女儿去做什么,而是他自己下定决心开始在内部管理上进行大变革,决定宛转地让两名副总经理自己另起炉灶,中层辞退了2、3个。引进同行管理经验丰富的精英人才,成立佳利集团公司,他亲自担任董事长,不断构建全新的管理层。

同时,他把自己在英国读书的二儿子吴晓琦也动员了回来。

吴晓琦1981年农历11月12出生,小时候跟爷爷奶奶一起,8岁上小学后才回到父母身边。读书后又不在父母身边。吴晓琦小学成绩一直不错。只是在初中毕业时了差3分，父亲花8000多元帮晓琦进入象山中学。2000年考入浙江理工大学，当了4年班长。对数学和英语比较感兴趣。吴晓琦念大三的时候，吴寿国有意送孩子出国。吴寿国非常重视孩子学习能力的培养，或许是自己没能上大学，一直希望孩子能够珍惜学习的机会。父亲送小儿子去国外留学时说过，不管怎样，都要投资150万，送孩子留学，学点东西，收不收回来就看孩子的造化了。

吴晓琦很争气，在英国学计算金融，深造期间，学习用功，经常和外国人打成一片，他很有号召力，是个活跃分子。为了提高英语水平，他积极参加各类活动，得到了很大的锻炼。在语言学院毕业时，院长给他的毕业评价是："你是我见到过的最特殊的中国学生，从来没有看到中国人和外国人能这样打成一片，而且还有这样的号召力的。"

其时，当时决定送晓琦去国外学习时，其实吴寿国企业非常困难，公司连银行贷款也还不上。晓琦是一次给母亲打电话中才知道公司窘境。那次，由于没有生活费了，晓琦让母亲打2万元过来，结果母亲竟然去向别人借，这让一直生活在富裕中的小儿子大吃一惊，也才知道家里遇到不寻常的困难，连2万元都拿不出来。听母亲说了后，这件事对晓琦触动很大，从此不再乱花钱，还开始打工了。他在英国找了两份工作，一份在超市理货，一份在薯条店，打了两份工后不仅自己解决了房租，还买了车子。

屋漏偏逢连夜雨，吴寿国因为长期劳累脊椎毛病严重，动了大手术。吴晓琦当时刚结束国外的学业准备去香港发展因为女朋友是香港人，自己学的又是国际金融专业，在香港发展更有潜力，所以不打算去父亲公司的。再说吴晓琦对针织服装一窍不通。促成晓琦去父亲公司帮忙的是大病后的父亲与他的一次语重心长的谈话。在宏通苑疗养时，吴寿国找晓琦谈话，晓琦说，父亲从来没有面对面与他谈心过，唯一一次就是这一次。其他时间都是严父形象，在孩子面前平日很少言语只希望自己行为能给孩子们一点潜移默化的影响，包括道德情操。家里的事也是帮不上忙的，一年365天，只有年三十给家里帮帮忙，晓琦清晰地记得。

当时父亲对我说，公司主管业务的常务副总出车祸，我年纪也大了又生病动手术，当初送你出去，也是为了能帮公司一把。毕竟这么多年教育下来，现在正是需要回来出力的时候。公司里精通外语的不多，外贸业务拓展很需要精通外语的人才，你在外面打工还不如回来帮父亲一把。

看到父亲这么劳累也于心不忍，吴晓琦还是决定帮老爸一把。于是就在这年企业低谷的时候正式回到象山公司，帮父亲一把。

　　谈话后的第二天,吴晓琦一大早便来到了公司,在秘书的带领下进入了董事长办公室,一路上,员工们议论纷纷,对于这个年轻的后生,他们一知半解。

　　"陈秘书,这位是谁啊?怎么进了董事长办公室了?"会计部的员工们见陈秘书出来,便上前问道。

　　"他是董事长的儿子,是来代替董事长办理公务的!"陈秘书介绍道。

　　"儿子?听说董事长有个儿子是在英国发展,是真的吗?"八卦永远都是最提神的事了,瞧瞧,一提到八卦,员工们一个个都精神焕发。

　　"刚刚走进去的就是了,就是那个穿海藻色西装的!"秘书对于晓琦也略知一二,便介绍道。

　　"哇塞,真人比电视上更英俊!嘻嘻……"一位女员工眼冒桃心地说道。

　　"出来了,出来了!哇塞,真俊啊!"一名女子见到吴晓琦和另一办公室主任两人拿着文件一边交谈着,一边走出了办公室,便兴奋地说道。

　　"陈秘书,通知一下董事们,十分钟后召开董事会!"看到陈秘书在那里,吴晓琦便交代道。

　　"是!小吴总!"陈秘书很是恭敬地说道,便去联系董事们了。

　　"大家好,我是吴晓琦!我父亲生病的事,大家应该都了解了,所以也就不多说了!在父亲养病期间,将由我来代替管理一切事务,希望大家能够多多关照!"吴晓琦对着员工微微一鞠躬,说道,"我是新人,还需要你们这些老前辈的多多关照!"

　　"啪啪!!!"员工们给予了一阵热烈的掌声,而掌声中却响起了一记不合氛围的声音:"年纪轻轻的居然来处理公司事务,这不是将公司的利益当成儿戏吗?"

　　吴晓琦望去,是一个年轻的男子眼带着不屑的目光看着自己,定了定神,便微笑道:"虽然我这几年一直都在做贸易,可是,早在三年前,我便在英国将金融业的所有课程都学过了,这一点,你们可以去查查,应该查得到,在金融业上,我可以说是博士!"

　　"哇!!"吴晓琦的话在员工之间引起了一阵惊呼声,小小年纪居然都学过了,简直太厉害了!

　　"虽然都学过了,可是一直都没有实践的机会,所以,希望大家能够多多帮忙了。特别是刚刚那位先生,敢于如此发言,一定是个人才!"吴晓琦谦虚地说道。

　　"小吴总,这里有些文件需要您马上签字!"这时,刚刚通知董事们的陈秘书走了过来,手里还带着一大叠的文件。

　　"那大家继续工作吧!陈秘书,我们走吧!"

　　吴晓琦和陈秘书便在员工们那敬佩的目光下，再一次进入了董事长办公室，议论着公司的状况！

　　"这些人太过分了，公司现在的状况都这样了，居然还如此浪费资金！"看着文件上的数字，吴晓琦一阵气愤，可把一旁不明白状况的大哥吴崎给吓着！

　　"晓琦。怎么了？"吴崎问道。

　　"你看看这文件！居然将资金提到所需的三倍！"吴晓琦很是气愤！

　　"妈啊，昨晚我们两个研究过了这个项目了啊，根本就不需要这么多的资金，三分之一就已经足够了！"吴崎看了看文件，发现上面的数字，也一阵愤怒！

　　"负责这项目的是林董的儿子，这个项目董事长之前一直都想压下来，可是林董一直催促着，无可奈何，董事们都觉得这是一个可行的项目，说是利益很大！"陈秘书交代道！

　　"利益大？可笑！知道的人都知道这个项目根本就没什么利益，照目前，他们所需要的资金看，这简直就是一个亏本的！"吴晓琦不屑地说道。

　　"小吴总，董事会时间到了！"陈秘书提醒道。

　　"走，我们去会会那群董事！"进入会议室，首先，吴晓琦便觉察到董事们那不屑的目光，总觉得是一个刚刚会走路的小屁孩，根本就没有资格管这些事的。

　　吴晓琦无视那些人的目光，率先坐在主位上，看了看两旁，嘴角露出了一记笑容，礼貌地说道："各位董事们，想必大家都已经知道了，这一段时间内，公司的业务将由我来代替我父亲！希望大家能够多多指教啊！"

　　"哼！"吴晓琦的话引来了董事们的一阵冷哼，大家依旧无视着吴晓琦！

　　"侄子啊，我提的那个开发案，你的决定是什么？"林董很是狡黠地问道。

　　"关于那个开发案，我觉得没有必要实施，这是一个对于公司来说，根本就没有丝毫的利益，为公司的利益着想，我宣布，那个案件不用实施了！"吴晓琦使了使眼神，示意吴崎将刚刚收到的文件备份发给董事们，说道，"大家看看那份文件所申请的资金，完完全全就是一个巨额！据我的调查，如果要实施一个那样的开发案，所需要的资金根本就只需文件上那个数字的三分之一！"

　　"哗！"的一声，林董的额上出现了一些冷汗，董事们也在纷纷私语，目光一直锁定林董！

　　"林董，你能解释解释这份文件吗？"董事们问着！

　　"这个可能是我孙子打错了数字！年轻人嘛，总有失误的时刻！"吴晓琦的话，不得不让林董以及董事们正视起吴晓琦的能力，一个个都不敢再像刚刚那样无视吴晓琦！

　　"好了，先不说资金的问题！经过我们公司之前的调查结果显示，这件案件根本就不可以实施,难道你们都不知道吗?文件里的数据等一切数字都错得太离谱了,为什么董事们都无视我父亲的意见呢?"吴晓琦紧紧逼前,说道,"公司的资金是不可能用在一个对公司来说没有任何意义的项目上的,这些董事们应该清楚!不要为了个人的利益,而将公司的利益给抛之脑后!"

吴晓琦的话,让董事们都不禁低下了头,一旁的吴崎和陈秘书,则是一脸的满意,看看吴晓琦的行为!

"你一个小屁孩,懂什么公司利益?谁说这是一个没有任何利益的项目呢?"林董在生死线上挣扎着,依旧不愿承认是为了这个项目能够给自己带来巨资的利益而主张研发的!

"陈秘书,麻烦你将其中利益说明一下,让董事们都看看这是一个什么样的项目!"吴晓琦对着身后的陈秘书说道。

"是,小吴总!这一个项目早在董事长打理公务时,林董就提过了,更让人意外的是,董事们居然都同意了,根本就不去想想董事长所说的一切利弊!首先,这个产品在市场上早就出现了,而且并不受到消费者的欢迎,看看研发这项项目的同僚公司们,市场上的产品渐渐的都下架了,每个人都忙着去研发新的产品,可是我们公司却说要研发一个已经被淘汰的产品,显然,这一行为已经说明是一个很失败的了!再加上,目前的市场风向标根本就不是……"陈秘书噼里啪啦的将所有的弊端都说了个遍,抬头望去,只见董事们个个都红着脸,沉低着头。

"好了!这个项目就这样过了,接下来,再谈谈……"开了三小时的会议,终于将一些事务给整理完毕了,董事长办公室内,吴晓琦望着这一大堆文件,头都有点发胀了,眼睛有点累了,便靠着椅子上,微闭着双眸,休息了片刻。

"怎么会忘了情,让我爱上你……"偌大的办公室内,一阵彩铃响起,吴晓琦乏力的接起电话。

"晓琦,吃饭没有?"电话那头,传来了志珊亲切的问候。

"还没呢!忙死了!你呢?"志珊早就在几天前就已经来公司帮忙了,吴晓琦关心地问道,看看时间,都已经一点了,原来不知不觉中,都忙到这时候了。

"唉,情况有一点点好转,所有被打击的公司好像就蓝氏比较严重!"志珊说道,"是不是惹到什么人了?"

"很有可能,你要多多注意休息啊,我要继续忙了,不然就完蛋了!先挂了啊,么一个!"吴晓琦甜蜜地说道。

"亲爱的,I love you!"志珊电话那头深情的说道,"别累坏了,记得去吃饭!""嗯嗯!我也爱你!先挂了!"吴晓琦挂掉电话,对着那一大堆文件,无奈着!

"二弟，你怎么没去吃饭啊！刚刚不是提醒你要去吃饭吗？"大哥吴崎的声音在门外响起。

"忙过头了！呵呵……"吴晓琦很不好意思的说道。

正是由于吴寿国的整治和吴晓琦的作用，健鹰集团出现了大的变化，2008外贸出口达到了3000多万美金，2009年就达到4000多万，2010年到了8000万美金，比往年翻番。外贸出口能够每年翻番很大程度上得益于吴晓琦岳父在香港的关系，也有吴晓琦自己的努力，再加上吴晓琦的诚信，业务也越做越大，2009年和2010年连续两年被评为象山县十大供销员。吴晓琦对我们说是父亲给他一个大显身手的平台。他一直以父亲为榜样，从小教他们对朋友对别人要诚实。

3.聚力

人们说，人在困难的时候一定要看到光明，提高我们的勇气。吴寿国就很重视企业文化，而且身体力行，带头表率。

每年召开职工运动会，吴寿国每次都积极参与，当拉拉队员。活动搞得有声有色，企业很有凝聚力。2009年9月底，当时虽然金融危机，首届企业文化节和庆国庆60周年。15个节目都是员工自己自编自导自演。吴寿国也参加表演，特别是革命歌曲联唱，唱得非常好，着实让大家吃惊。

当时搞活动，人家说金融危机哪有心思搞活动呀，吴寿国当时就说，越是困难的时候就越要搞些鼓舞人心鼓舞士气的活动，这确实也起到了很好的效果，大大鼓舞了士气。不要被困难吓倒，要让大家都看到希望。我们有这个决心，我们也一定能够做到，到现在真的已经闯过了难关。当时很多厂长经理和领导都来观看，很受鼓舞,很敬佩吴寿国的思路。当时花费将近10万元用于晚会运作。但吴寿国说值。员工们也都觉得很自豪。在单位里搭台,单单搭建舞台就花了3万元。

两年一次的职工运动会也很正式,统一服装。大家都很积极地参与。

公司用房比较紧张,但也腾出场地,100多平方米专门搞了一个职工活动中心,乒乓室,棋牌室,卡拉ok室等,虽然比较简陋,也被评为浙江省的职工活动中心示范点。去年企业被评为省级和谐企业,在宁波市是第一届。

吴寿国文采很好,思路很清晰,表达能力很好。心算也很快,非常聪明。文艺细胞很好。革命歌曲联唱,红歌联唱,国庆六十周年晚会上,吴寿国一口气唱了五六首。毛主席的诗词很多也会背。这么好的文采,象山的企业家里找不到第二个。

社会保障一块,如果员工适合参保的都给参保,数额非常大,有几百万,但是吴寿国觉得一定要解决员工的后顾之忧。按照规定50岁以后,企业不用再承担养老保险,但吴寿国说,既然还在企业里做,企业缴费就再延长五年。这个支出不要省。

员工工资协商上,真正听取员工意见,在象山县所有企业是第一家。其实工资协商无所不在,一直在做。在今年4月份,举行了一次很正规的工资协商,有企业方,行政房,工会方,劳动局一方,协商下来,按照国家规定,婚丧假是3天,职工代表提出在农村,考虑到农村的风俗习惯能不能延长两天。虽然只是试探性的提议,没想到吴寿国当场就拍板同意5天就5天,这让员工们很意外,也很感动,全场掌声雷动。

吴寿国始终跟管理人员说,员工有困难一定要及时帮助解决,只要员工提出的要求合情合理的,都会同意。外来员工不多只有十来个人,但一做就是五六年以上。职工队伍非常稳定。

支持参与企业各项活动

工会主席王赛芬,当时初中刚毕业,是个年轻的学生姑娘,就进了这个厂。当时企业还只有十来个人,她从挡车工做起。她也曾经向往外面的世界,出去后到过爵溪、安吉,最后觉得还是这个企业好。那是因为吴寿国关心大家,经常到车间里来看看工作情况，对生产质量把关很严；吴寿国经常开会，很强调职工职业道德，所以团队协作的和谐氛围较好，大家在一起相处很开心。搬材料干重活，吴寿国都和大家一起同甘共苦，所以每个员工都有主人翁的感觉。

王赛芬在吴寿国企业做事，但有时也会因工作上意见不一致，和吴寿国有过分歧，特别是管生产的时候，有时候碰到交货和质量生产进度的问题，也要和吴寿国顶几句。

有一次上海的一个姓王的长期合作客户发来订单，价格很低，成本核算后发现是亏本的。最起码要亏十来万。她后来会同技术部门找老板吴寿国谈。当时交货订单也很多。吴寿国说，这个订单亏也要做！当时王赛芬他们嗓门也很大，作为企业总是要盈利的，这一笔亏得太多了，公司赚了，大家都开心，要是亏了对企业发展也不利，企业是大家，大家好了，小家才会好。但吴寿国还是坚持要做，一定要做到客户至上。老板态度很坚决。

从一线员工到管理层，在企业里很受锻炼。他就是牛劲，越是有困难越是要上。很多人都夸奖吴寿国思路确实有独到之处。去年企业在宁波市制造业排名第 60 名。

4.发展

通过种种办法，吴寿国转危为安，而且出现了曙光。经过几年的努力，他已经跨出了多元发展的步伐。

现在一块是针织服装，有三家公司，宁波健鹰针织有限公司，宁波市健鹰制衣有限公司和宁波汇壬针织有限公司，另外还有一家袜业有限公司。另一块进出口公司是象山县外贸出口明星企业。2010 年外贸出口是象山县的第三名。第三块是延长产业链，在新疆搞了两个公司，一个是纺织公司，一个是农业投资公司。2009 年投资四季佳利酒店。2010 年利税 1 个亿。

总的发展方向提出"立足产业不动摇，转型升级求发展"五年发展计划，立足服装主业，拓展酒店、海洋生物、机电一体化等产业。2011 年力争实现三个突破，建立一个平台。一是在宁波市建立研发园。把 2000 平方米的房子打造成外贸出口、人才引进平台，现在已经招聘了十多名大学生。三个突破，一个是在丹城建造 1.5 万平方米的房子，用来提升服装产业，全部引进新的管理人员。在丹城打造一流的服装产业。实现针织服装从原来中低档产品向高档产品突破。二

带领职工参加东陈乡庆祝建党90周年活动

是通过与四季佳利酒店合作,从单一的生产型向管理型资金运作型的突破。三是通过新疆8万平方米工厂,出口产品原材料,从低档到一流的棉纺材料供应基地突破。五年计划是,到2015年,目标产业销售突破20个亿,产业更加完善,特别在资本运作上有很大提升。

今后发展方向,把服装产业做强做精,另外一个转型升级,看好别的产品,海洋生物12月份可以投产生产饲料添加剂。另一个汽车配件领域也有准备合作发展。一个为主,多元发展。

吴寿国还有一个更加宏伟的计划,那就是浙江佳利集团公司"十二五"发展规划。为了完整地再现这个计划,全文抄录如下:

浙江佳利集团公司"十二五"发展规划

(二○一一年至二○一五年)

"十二五"时期,是我国全面建设小康社会的关键时期,是深化改革开放、加快转变经济发展方式的攻坚时期。也是我们佳利集团公司实现"立足主业不动摇、转型升级谋发展"战略目标,全面、可持续、跨越式发展的关键时期,是企业做强做优的重要时期。机遇与挑战并存,压力与动力共有。为了明确公司发展方向,找准公司战略定位,加快公司发展步伐,确保目标全面实现,现制定《浙江佳利集团公司"十二五"发展规划》。

一、发展现状

"十一五"期间,我们经受了金融危机的严峻考验,经历了劳动用工荒的大潮冲击,经过了国际市场疲软的萧条期。企业始终如一地坚持"整合资源、抱团取暖、逆势而上、跨越发展"的战略目标,排除了生产经营过程中一个个障碍,逐步向健康、良性方向发展。在新疆,建立棉业基地,收购轧花企业,兴建纺织公司,延伸了针织服装上游产业链;以宁波健鹰针织有限公司为基础,成功组建浙江佳利投资集团有限公司,资源得到有效配置,拓展了企业的发展空间;从单一的针织服装行业涉足投资、餐饮等产业,迈出了企业转型提升的稳健步伐;集团公司领导层的结构更趋合理、专业、协调,企业的执行力度明显提升,企业文化更加丰富,保证了企业勇攀高峰的活力和原动力。2010年,集团公司实现总产值10亿元,税金缴纳、外贸出口分别跻身县二十强和前三甲行列,开创了企业有史以来最佳黄金发展期。

集团公司注册资本1.77亿元,总资产5.38亿元,企业员工1500余人。旗下企业有:宁波健鹰针织有限公司、宁波健鹰进出口有限公司、象山县健鹰袜业有限公司、宁波市健鹰制衣有限公司、宁波汇壬针织有限公司、新疆新和健鹰纺织有限公司、新疆新和佳利农业发展有限公司、宁波四季佳利酒店有限公司、宁波研发园佳利研发中心。国内分公司有:上海分公司、广州分公司、宁波分公司、厦门分公司。境外业务机构有:香港办事处、日本神户办事处、法国Jeagle分公司、新西兰Jianying公司。

近年来,集团公司先后获得县强势型工业企业、县外贸出口明星企业、宁波市文明单位、宁波市工业成长之星、宁波市制造业百强企业第六十位、宁波市村企结对先进企业、浙江省和谐企业、全国针织五十强企业等荣誉称号。

二、总体目标

(一)发展理念。奉行发展是硬道理的信念,科学、合理判断和掌握企业市场发展变化,分析公司内部条件,抓住发展大好战略机遇。结合发展战略,统筹兼顾,提出客观、符合实际的发展目标,提高完整系统的战略管理。实现企业的健康、协调、快速和可持续发展。

(二)战略定位。以科学发展为统领,坚持做大做强针织服装主业不动摇,积极实施转型升级、创业创新的战略。诚信为本,不断拓展新的发展空间,创新为翼,不断加强完善集团公司建设。努力实现发展社会化、集团规模化、产品环保化、经营多元化、效益再大化。

(三)预期目标。根据企业的现状和面临的形势,将资源配置有机结合,坚持走创新发展之路,使集团公司综合实力明显增强,资本积累不断增加,职工

收入稳步增长。"十二五"末,总产值达 30 亿元,设立董事局,成立公司党委,争取企业上市。具体指标如下:

单位:人民币万元

年份 指标	2011 年	2012 年	2013 年	2014 年	2015 年
产值	125000	150000	195000	240000	300000
销售	85000	100000	130000	180000	230000
税金	1400	2000	2500	4000	6200
利润	1000	1500	2300	3500	6100
外贸出口	8300	9000	10000	12000	15000
产值年均增幅	25%	20%	30%	23.08%	25%

三、发展重点

主攻企业的转型升级,全力以赴做强主业,树立企业的良好形象和提高企业的核心竞争力。在突出主业的同时,以现代服务业和制造业为要素,扩大集团公司生产经营规模,不断实现纵横发展。积极实施"一、三、三、三"发展战略:即一个服装主业,三项提升转型,三大产业拓展,实现 30 亿产值。

(一)做强主业,巩固平台

1.做强做优服装主业,形成以旦门为重点,丹城为龙头,定山、新桥为基地,对外协作为辅助的针织服装企业生产格局,达到整合生产资源,降低经营成本,提高管理效率的目的。扩大针纺织品高档次产品生产规模,与沃尔玛、保时捷等世界品牌商合作,提升针织面料档次,从现有的棉、化纤普通工艺布向竹纤维、纳米材料及木棉纤维等高端面料转换,拓展欧美针纺市场,经过 5 年努力,争取占有 30%的欧美针纺市场份额,至 2015 年针织服装主业实现产值 15亿,其中新产品产值争取达 7 亿元。

2.完善延伸服装上游产业链,保障棉纺产量、质量的有效供给。

3.把县工业园区的生产企业培育成针织服装主业的领头羊,实现产品从低档次到高附加值的转变。

4.全面提升服装企业的管理水平,在巩固和全面推行 ISO9001 质量认证,6S 管理和精细化管理的基础上,完成欧美产品出口资格认证,实现国际名牌产品落户定点生产。

(二)提升科技,力求创新

1.合作开发海洋生物科技项目。本产品采用适合豆粕和鱼粉副产物混合发酵脱毒,通过生物基因工程筛选出针对提高豆粕和鱼粉副产物蛋白质的"三菌"优化组合。是一种创新的利用生物技术对传统海洋产品进行升级换代的新产品。项目总投资 9000 万元，建设规模达年产 4 万吨生物发酵蛋白饲料。分二期建设，其中一期投资 5000 万元，2012 年完成年产 2 万吨的生产规模。经三年发展，至 2015 年，实现年产 4 万吨，销售 2 亿元，利税总额 4000 万元，并完成市级农业龙头示范企业目标。

2.着力打造"机电一体化"工程。以现有企业规模为基石，千方百计引进人才、引进技术、引进项目。引凤筑巢、借鸡生蛋。合作研发新产品，共同开拓新市场。"十二五"末，建成较大规模的机电生产基地。该项目计划用地 50 亩，厂房建筑面积 2 万平方米，总投资超亿元。主要生产山地车前后保险杠及结构件、举升机、吊机、压机、打桩机等三百余种产品。2012 年建成后，年生产各种山地车零部件 5(件)套，汽车修理工具 2 万套，建筑机械 400 台。第一年实现销售 1.5 亿元，利税 4000 万元；第二年实现销售 3 亿元，利税 8000 万元。

3.进军节能环保领域。节能环保产业是现阶段我国发展低碳经济的必然选择。本公司研发生产的"高能离子微波加速光协同除臭成套设备（爱尚风 LOVE WINDS)"在处理效果上已经超过美国、法国、瑞士、瑞典等发达国家。"十二五"时期将全力推广"爱尚风 LoveWinds"系列产品。通过百度搜索推广，主要市政设计室上图，国内大型安装公司合作等方法，成为行业内最具影响的著名产品。开展中水回用技术研发推广，攻克目前行业普遍存在的回用水异味处理难关，在大型社区生活废水中水回用上形成技术优势，品牌优势。在节能环保产品中，要致力于水处理技术和空气净化技术的研究、开发、生产，目前生产的反应堆高能裂解氧化废气净化系统设备已经交付客户使用。同时，还要积极拓展节能环保领域的其他项目。计划在"十二五"期间，将培育一家较大规模的、节能环保专业的高新技术企业。

在公司大门口

（三）产业拓展，多元发展

1.积极发展第三产业。将发展第三产业作为集团发展、转型提升的主题和目标之一。宁波四季佳利酒店的成功组合，已经显现了提升企业形象、打造开放门户的目的，并从客服、餐饮中衍生出娱乐、购物等产业。探索发展现代物流业，通过合作或收购等方式进入物流服务行业,在满足自身不断扩大的物流需求的同时,为相关行业产业链进行配套服务。

2.开辟房地产业。"十二五"期间,将在新疆把已经征用的近100亩商住用地实施房地产开发建设。先行先试,顺序渐进,稳步发展。

3.涉足金融投资行业。争取成立小额贷款公司。科学运用资金平台,规范融资监督机制,启开资本运作新途径。同时,继续关注乳制品行业的市场走向和发展前景。

四、保障措施

为实现公司"十二五"发展规划,需做好以下几方面工作:

(一)科技创新。

1.不断提升科技水平和科技创新能力。新投入的新疆二期5万锭纺织设备和本部针织服装新大楼的织造设备、缝纫设备达到国际先进,形成具有较强科技含量,较高劳动效率的生产型企业。

(1)建立健全财务管理制度,控制财务风险。实行全面财务预测分析和预算工作,严格资金管控;加大税费政策研究,用足用好各类优惠(扶持、奖励)政策;盘活有效资产,提高资产使用效率;建立项目投资技术认定,财务经济评价体系。

(2)树立"人才强企"意识,形成科学的人力资源配置机制。内部挖潜、合理流动,按需引进、公开招聘;充分加大专业技术人才的引进力度,充分发挥他们的积极性和创造性;建立以竞争上岗和岗位交流为主体的人才成长机制;逐步形成职工绩效考核和合理的分配制度为主体的约束与激励机制。

(3)全力提升企业创新水平。在充分实施人才战略的基础上,根据外部环境和内部环境的变化,不断开展体制创新、机制创新、管理创新、技术创新和产品创新。与时俱进,永葆朝气蓬勃、奋发向上的企业活力。

(4)坚持安全与生产的统筹规划、协调发展。建立安全生产管理长效机制,完善安全生产规章、技术标准体系,强化基层、基础"双基"工作,保持安全生产的良好态势。

(5)建设企业文化体系。企业文化是企业核心竞争力的源泉,事关企业的可持续发展,是企业软实力的集中体现,是支持和推动企业生产经营的战略抉择。我们要全力打造"降低成本,追求效益"的经营文化,"规范真诚、优质高效"的服务文化,"岗位创新、敬业奉献"的班组文化,"团结友爱、和睦相处"的环境文化,"严密科学、有效长效"的制度文化。丰富员工的文化生活,增强员工对企业的认同感、归属感。

(6)推动企业管理上水平。深化专业管理，推进体系认证，围绕制度化、精细化、标准化、规范化打下良好基础。进一步规范企业法人治理结构，规范公司各管理层权责，真正形成权力机构、决策机构、监督机构和经营管理者之间的制衡机制。全面提升企业执行力，增强"言必行、行必果"，"指令畅通、不折不扣"的责任感、使命感。

(7)加强党建工作和工青妇工作，夯实公司发展之基，为实现公司"十二五"发展规划提供基础保证。深入开展党建和思想政治工作，积极探索和创新企业党建工作机制，不断强化党员的日常教育和管理，充分发挥党支部的战斗堡垒和共产党员的先锋模范作用。把工会建立成为"党政靠得住、企业离不开、职工信得过"的群众组织。工会干部要努力做到对工会工作有激情，对职工群众有感情，对基层一线有真情，对提高素质有热情，尽力当好职工合法权益的代表者和维护者。积极做好具有企业特色的共青团、妇联工作，团结带领广大团员青年为企业创业发展作贡献，开展"巾帼立功竞赛"和"妇女素质达标"等项活动，展示风采，实现价值。

2003 年的表彰大会及公司主要领导

五、结论

目标已经确定，蓝图已经绘就。我们要立足当前，放眼未来，开拓创新，追求卓越。为把公司打造成为城区设总部、乡村建基地、工贸一体、内外贸并举，多元化、综合型发展的，具有佳利特色的大中型现代企业集团而努力奋斗。

浙江佳利投资集团有限公司

第八章　村官篇

1.上任

　　黄昏时刻,阳光斜照在旦门村的山坡上。吴寿国的公司就在这座叫凤凰山的脚下,他斜披着自己那件皮袄,坐在矮凳上,任阳光涂抹着他。夕阳照在他宽阔的红脸膛上,眼角的皱纹更加深刻了。吴寿国已经40多岁,这些年来,吴寿国像爱护自己的家一样爱护着旦门村的一草一木。从人民公社那时候起,旦门村的名称不知道变了多少次,先是旦仁村,后来撤扩并,旦仁村与旦义、大湾、双农、双渔村并改成了现在的旦门村。但是不管怎么改,旦门村就没有改变过两个字,那就是:贫穷!乡党委、政府的领导像走马灯一样,换了一茬又一茬,但是哪一茬的领导都对旦门村挂在心上。那些已经退了休的老领导,还隔三差五地来找吴总谈点如何改变乡村穷面貌哩!

　　想到这里,吴寿国就有一种说不上的滋味。是啊,别说在东陈乡,就是在整个象山县,像他这样可寄重望的也是屈指可数。

　　旦门村的群众不管是比他辈分低的,还是比他辈分高的,没有不尊重他的。这些年来,他吴寿国为旦门村办了多少实事、好事,又从外面为旦门村挣回了多少面子和好处啊!孩子们在县城上学,还为自己是旦门村人感到

2000 年以前旦门一角

骄傲和自豪！

现在的村书记王春富在老吴的眼睛里是一个精明人，思路清晰，特别是口才很好，同样的话在王书记的嘴里说出来，那就是入耳入心，让人听得心里热乎乎的。吴寿国曾经从心里竖起大拇指，这王书记是历届书记中最棒的一个！看来，旦门要有一个大的发展了，只要有了好的领头人，就不愁事情办不好！

在吴寿国的想法里，村书记就应该经常到田间地头，跟老百姓交流交流，或者经常到村干部家里，拉拉家常，也能听到一些好的意见和建议。不然的话，村委怎么来制定发展规划哩。

吴寿国经常莫名其妙地有一种期盼，盼望着王书记能到家里来，他有好多想法要跟王书记说一说，如果王书记能来，他一定会让老婆把家里最肥的大公鸡杀掉，他要跟王书记来个彻夜长谈！

这天，王春富来了，吴寿国把最好的酒菜都拿了出来，因为他们本来就是很要好的朋友。酒过三巡，王春富就开始倒苦水："吴总，这个书记还是你来当吧，我实在没这个能力来搬掉这个穷字。"

吴寿国："老弟，别这么说，你大胆地干，我来支持你！"

王春富把一杯小酒倒入嘴："老哥，话不是这么说，我家孩子还小，负担也重，实在没这个能力，我来给你当副手吧？"

"不，你肯吃苦，只要和大家多商量，你一定能行！"吴寿国说。

酒喝到半夜，王春富还是没有把书记一职给辞掉。醉醺醺到家倒头就睡。第二天领着村民们到地里干活。

从丹城到石浦，穿过最后一条隧道，眼前便豁然开朗，一幢幢整洁明亮的农家小楼走进视线，它们规划有致，沿着公路边建设，背依青山，面临大海，阳光普照的日子，屋顶上的彩色琉璃瓦反射着绚丽的光芒。再过去，则是一坊高高的牌楼，上书"仁义"两个大字。牌楼下，一条宽阔的水泥路笔直地延伸入村，路边并排行走着一条6米宽的溪渠，同样由水泥砌成，亭台、小桥一应俱全，溪两旁栽有常绿植物，微风过处，摇曳出一帘翠绿。沟内溪水淙淙，经年不息。它们一路向东，流经村口，流经丹石路，一直流向

2006年4月吴寿国被评为"宁波市劳动模范"受到表彰

前面的仁义滩涂。

再向前二三百米,矗立着一家企业,那就是吴寿国的公司——佳利集团的大本营。

倒不是说吴寿国没有爱村之心,确实是因为他的企业离不开他,他非常了解王书记,只要王春富肯干,一定会干好的!而且考虑到王春富的困难,吴寿国从1997年到1999年每个月还补助给王春富600元工资。

但是出乎吴寿国的预料,二年过去了,王春富也一心一意想搬掉旦门村的穷字,然而,事与愿违,旦门仍然没有摆脱贫穷的帽子。王春富又多次向吴寿国要求,请吴寿国扛起旦门的大旗。

2001年阳春三月的一天,乡党委书记来到吴寿国的办公室,用期待与信任的目光告诉吴寿国旦门村这些年经济一直上不去,村里的干群关系也较难弄,我们党委反复考虑,觉得村里党支部书记这个位置,你是最合适的人选时。吴寿国的内心是着实有过一些顾虑和权衡的。

这一考虑,就是整整数天。

那几个晚上,沿着村里的小路,吴寿国走了一圈又一圈。小村沉浸在灰蒙蒙的黑暗之中,风吹动着树叶,听上去就像是整个村庄在细微地呻吟,在呼喊,一次次触动着吴寿国内心深处最柔软的部分。他又想起了白天乡党委书记那殷切的目光。

"谁叫我是旦门村的普通一员呢?我的企业也是在家乡这片土地上诞生和腾飞的,如今,我算是先富起来了,却又怎能忍心我的家乡落后,依然停滞在贫困村的层面上呢?那样的话,我还算是吴寿国吗?干吧。"

他一遍又一遍地念叨着。

一个简简单单、却难以放下的家乡情结,注定让吴寿国无法拒绝。

他的脸上浮现出真诚的笑容。坚毅而明亮的目光点燃了这个小小的傍海村庄。

那一天,当吴寿国思考完毕,决定担任旦仁村村党支部书记时,很多人都不相信自己的耳朵,尤其是他的家人和朋友更竭力反对,认为他的脑子肯定进了水,才会做出如此错误的决定。在他们视野里,吴寿国的这一决定,无疑与没有虱咬,想抓些虱子来咬咬无异。

于是,就有许多好心人跑过来劝吴寿国。他们语重声长地对他说:"老吴啊,你也是40好几、见过风浪的人了,怎么这么点事却看不明白呢。俗话说,一手难抓两条鱼,你既要管企业,又要当村官,怎么能行呢?"

吴寿国摆摆手。

"老吴啊，旦门村的情况你不是不了解。集体经济贫乏，路不平，水不清，猪圈粪坑随处见，还是个县级贫困村，要想搞好这样的村，只怕是比你搞企业要难上一百倍。更何况，搞好了是应该的，搞不好，哈哈，你说值吗？"

请老领导到企业参观

"值。"吴寿国只说了一个字。

"如今这年头，只重经济，不重奉献，优秀共产党员离我们都很远，早已是个传说了。"

吴寿国只是笑笑，不说话。

"老吴啊，我们是关心你、担心你才说这样的话的。你是不是糊涂了，要说贡献，你的企业对村庄的贡献已经够大了，别的不说，光说为村里解决了300多个劳动力，这贡献还不够大吗？并非只有当村官才是贡献。"

"兄弟，谢谢你的好意呢。"吴寿国最后说，"不过，我清醒着……"

"这老吴平时都很好说话，怎么今天就犟得像头牛呢？不管我们说什么，他就是不听。"

"明知不可为而为之，非理性之举。有什么办法呢？那就随他去吧！"

说完之后，许多人都无可奈何地摇头叹息。仿佛他们已经看到了明天的吴寿国倒霉的样子。

在吴寿国的性格里，确实是有着一股子倔劲，尤其是当他认准了的道，那是任谁也劝不回的。他是个农民，很多时候，在农民的骨子里就流淌着这股倔劲，那是它与生俱来，并伴随着这片土地一起成长起来的。

办企业是如此，担任村支书，也是如此。从此以后，吴寿国就把自己的所有精力都捆绑在村庄改变和企业发展这两架马车上，他希望它们能并驾齐驱，也希望它们能像自己企业的名字一样，高高地飞翔。

2.作为

那一年 3 月,吴寿国走马上任了,雷厉风行地实施着自己的职能。为了方便,他索性将一家人的吃、住都搬到了厂里。

4 月,吴寿国组织召开了该村有史以来的第一个村镇建设研讨会,邀请了县里建设、规划、环保、农林、水利、房产等职能部门的领导和技术人员参加,像模像样地搞起了村庄规划。当村里的老百姓站在《旦仁村经济和社会发展规划》样张前,他们的目光里充满了对三年后村庄模样的憧憬。

5 月,村道改造开始动工。意味着旦门村的新农村建设拉开了序幕。

但是钱呢?付诸实施是需要用钱说话的,并且还不是一个小数字。没有钱,这规划呀、建设呀,还不等于是一只画饼,一个零。村里的集体经济原本就少得可怜,2001 年,只有 3 万元的年集体收入,想要完成规划中的事,连一个零头恐怕都不够。

为了筹集资金,吴寿国带头向村里捐了 5 万元,在他的影响下,村民们有钱的出钱,无钱的出力,同时,他还带领村班子一些人到县里有关单位,上宁波以及上海等地拉赞助,利用自己的人脉关系寻求支持。对于自己的这些举动,吴寿国至今依然保存着深刻的记忆。

"当时,我们是实施总体规划,分步实施这一方式,村里没有钱,我们就上县里有关部门走动,也不知道走了几趟。有时,光是为了拿一笔款子,就需要跑上三四趟,这就与我这个有企业的人有了冲突。说句实话,在做村支书的整体过程中,我最赔不起的就是时间。"

在吴寿国的概

旦门文化节照片

旦门村农民文化节

念里，最注重也是最缺乏的就是时间。因为他实在太忙，每天都有太多的事情要处理。

"那你是怎样处理这一矛盾的呢？"有一次，一杂志社记者问他。

"靠挤啊。"他回答得很干脆。"我是将别人花在麻将上或者舞厅里的时间，用到了村里。一般情况下，我先安排好厂里的事，然后做村里的，但是这样，有时候还是会发生冲突。"

"关于这一点，你原先曾考虑到吗？"记得问道。

"怎么会没有考虑过呢？"他再一次露出了亲切的笑容，"只是我没想到的是，它比我想象的要多得多，也复杂得多。"

一个轻描淡写的"挤"字，就将吴寿国十年村支书的所有付出轻轻掩盖了过去。

"要么不做，要做就要干出点名堂来。"这同样符合吴寿国的性格。

在很多人的印象里，吴寿国为人随和大方，人缘很好。在他的初衷里，他原以为只要为村里着想，凭着自己的能力和信誉，村里的工作并不会太难做。但他错了。当他上任后一接触具体的问题时，他才发现，村里的工作实在要比管理一个企业难上一百倍。其实，这其中的原因非常简单，企业里的工人由于拿着工资，会买董事长的账，但村里的老百姓，就很难说了。

为改善村容村貌，村里准备将主要道路硬化，生活垃圾实行集中处理，同时迁移村中的露天粪坑。这时，有的村民就站出来说话了。他们说："村里是不是钱太多了，搞这些虚的东西。我们世世代代走泥路，垃圾倒在家门口，粪坑安在后院边，还不是活得好好的。"

碰到这样的情况，吴寿国就只能放下厂里的活，带领村干部挨家挨户地做思想工作。碰到好做的，一下子做通了，吴寿国对他表示感谢。碰到难做的，他就不厌其烦地去一次、两次、三次，直到做通为止，他还是对他表示感谢。曾经有这样一个村民，因村道硬化，需要他家围墙退进近十厘米，吴寿国耐心细致地做了他几次思想工作，他昂着头就是不答应。当吴寿国得知他的父亲生病住院时,就跑去看望他躺在病床上的老父亲,并从自己口袋里掏出钱给老人送去慰问金,那个人才彻底感动。在这一点上,吴寿国的耐心令人敬佩。

但也有例外的时候。

那是为了拆迁老房子,建设新农村,村里的一个地方姓李,是祖传下来的房子,有 600 年历史。20 多户人家,100 多间房子都得拆掉。那一次,这难度要多大有多大。许多户主都不愿意拆掉自己久居的家,工作非常难做。要拆几百年住下来的老房子非常不容易。一开始吴总交给副书记王春富去完成拆房子的任务,王春富相当烦恼,觉得难度大,太苦了,吴总说,为了村子今后的发展,村容村貌改善,必须拆除老房子才行。经过他做了工作后,王春富也下决心硬着头皮去执行,王春富一般都在中午和晚上上门做工作,村民其他时间一般在村里工作,中午和晚上才回家。他经常晚上不吃饭,先上门做工作。这一点让吴总非常感动。有一次,王春富来到吴寿国外甥女家。一进门,王春富就严肃地批评了吴寿国外甥女的思想僵化,说他们与吴寿国唱反调!吴寿国外甥女一点也不买账,认为自己是吴总的外甥女,还从来没有谁这样严厉地批评过她!

但是吴寿国外甥女的老公毕竟有点文化,什么阵势没见过,什么主意没有啊!他非常虚心地接受了王春富的批评,并请王春富给吴书记捎个话,说自己对村委的决策领会不深,精神没有吃透,现在通过王春富的解释和教育已经完全弄明白了,他会坚决地站在村委一边儿,坚决支持和拥护村委的决定!

王春富十分高兴,他早就听说吴寿国外甥女的老公是个难剃的头,许多村干部不敢到他这儿来。现在看来,没什么嘛,这不很快就把他的脑筋扭转过来了吗?

王春富回来对吴寿国一说,吴寿国马上意识到这事没那么简单。

确实,吴寿国的敏锐得到了证实。那天晚上,吴寿国外甥女的老公送走王春富后,躺在床上,吸着烟,一遍遍地回味着与王副书记的每一个细节和自己说过的每一句话,确信自己没有做错说错什么,

旦门文化节

又开始琢磨下一步的具体行动计划。

"唉，现在是谁也指望不上了，只能靠自己的力量来应付这件事情了。"吴寿国的外甥女婿一边抽着烟一边想，"这一次我不能站在前面，不仅不能站在前面，而且我要站在村委的一边儿，要其他村民顾全大局！可他们会理解我吗？村领导会不会看出破绽？他们会不会相信我的这种'转变'？如果被人看出了破绽，这出戏可就演砸了。怎么样才能把戏演得更像呢？"

吴寿国外甥女婿突然想到一招："对，也许他能帮我把这出戏演好，这就叫'尺有所短、寸有所长'吧，什么人都能派上用场。对，我得去找他，这个愣小子肯定能把这出戏演好！"

吴寿国外甥女婿转念一想："不对啊？万一他要被公安抓了去可怎么办？我不能为了把戏演好，就叫人家孩子去蹲监狱啊。哎呀，这可真是个叫人头疼的问题！

要不，叫我的老婆子来演这出戏？不行，这还不成了全东陈乡的特大新闻，说吴寿国的外甥女破坏新农村建设，这以后我还怎么去见人呢？唉，没想到这倒成了难题！

我还是自己出马，亲自去找我那大舅舅。"

想好了，天也黑了，这外甥女婿来到了吴寿国的家里。

自行车上驮了满满当当的一篓菜。

这外甥女婿把菜从自行车上卸下来，来到吴寿国眼前："舅舅，坐在外边儿干啥呢，还不到屋里去，外边儿多冷啊？"

吴寿国："你来了。小泯咋没来呀？"

外甥女婿边用毛巾抽身上的土，边回答："没，在家有事呢。"

吴寿国点着头："噢，进屋坐吧。"

外甥女婿应着进了屋去。

吴寿国突然想到，哎呀，踏破铁鞋无觅处，得来全不费工夫啊，这一回该咱好好唱一出了！"听说你不肯拆房？"

"没有呀，你听谁说呢？"

"你小子可别给我玩花枪，你是舅舅的外甥女婿，你如果不带头拆，我这个书记还怎么当呀？！"吴寿国很严肃地说。

"我一定带头，我一定带头！"外甥女婿一看没趣，便起身告辞。

外甥女婿其实思想没通。

他躺在床上翻来覆去睡不着，他的脑子很乱。他为自己今天晚上的举动感到后悔莫及。但另外的担心随之而来，"如果没有一个好的办法，怎样阻止拆屋行动呢？还是自己冲上去？不行,我这不是搬起石头砸自己的脚吗？哎呀,这可怎么好呢？"

外甥女婿在被窝里翻过来调过去,老婆迷迷糊糊地抗议:"晚上不睡觉,折腾什么呢,像烙饼似的！"

可不就是烙饼吗？我现在就是在热锅里烙着的一张饼！

第二天,太阳已经升起来了。这天在旦门村的拆迁地里,聚集了许多勤快的庄稼人,有老有少、有男有女,他们有的在划锄,有的拿着铁锨,也有的坐在地头上吸烟拉家常。

王春富一拨人坐在一辆高大的挖掘机的驾驶楼里,各部门的负责人坐着一辆破旧的面包车,浩浩荡荡地开过来了。

突然,王春富看到了拆迁地里聚集了许多的人！看来这个吴寿国外甥女婿早有准备！

王春富命令车队停下来,从驾驶楼里探出头来说:"看来他们是早有准备啊。"

另一名村干部不以为然地笑了:"这有什么,不就是几个老百姓吗,不会有什么事情的,走吧。"

车队继续前进。

车队在拆迁地停了下来。

王春富跳下车,冲着人喊:"喂,你们想干什么啊？"

没有人搭理他,甚至都没有一个人抬起头来看他。

王春富感到很没有面子,来到另一位村干部面前:"你看,这些人,真……"

另一位村干部摆手阻止了王春富的话。他在用飞快的速度对目前的情况进行着判断,他们就是来阻止这场行动的,而且是有组织的！只不过组织这件事的人不在这里。而是吴寿国的外甥女婿,现在知道了,你答应王春富就是想采用别的办法,你是想从前台转到幕后去,没想到你竟然发动了群众！你的胆子可太大了,你难道不知道群众一旦发动起来,事态就会扩大,到时候也许连你都收拾不了！

王春富意识到了事态的严重性,现在看上去风平浪静,但是一旦发生冲突,就会不可收拾！必须去找到吴寿国的外甥女婿,解铃还须系铃人嘛。不管你有什么条件,咱们可以坐下来,心平气和地谈嘛,决不能发生群体事件！

拿定了主意,王春富把烟屁股扔在地上,站起身来嘱咐拆迁施工人员说:"你们在这儿等着,我去找人,我不回来谁也不能乱动！"

说着就往寿国外甥女婿家住的方向走过来了,另一位村干部也紧紧地跟了上来。

吴寿国外甥女婿还蒙着被子装模作样地打着呼噜，连王春富他们进屋都没有察觉。王春富他们和吴寿国的外甥女都认识，赶忙给两位领导让座递烟。然后一把把被子掀开："还睡，快起来，看看谁来了？"

吴寿国外甥女婿揉着惺忪的睡眼坐了起来，看到王春富他们，立刻露出惊讶的表情："哎呀，你们二位来了呀，老婆子，快去杀鸡，我要跟两位领导好好喝两杯！"

王春富瞪了瞪眼睛："行了，行了，别胡咧咧了，现在是什么时候啊就喝酒？你老兄是不是昨天晚上的酒还没醒啊？"

吴寿国外甥女婿眯起眼睛往外边儿看了看："哎呀，现在是早晨哪，昨天晚上真喝多了，现在还晕乎着呢，不急，先喝碗水，咱们中午再喝酒。"

王春富一直笑眯眯地看着他，知道这是他在演戏，不过也真佩服他的演技，一点儿破绽都没有。

王春富看着正在洗脸的吴寿国外甥女婿的背影问："兄弟，咱打开天窗说亮话，拆迁这事儿是你答应我的吧？"

个头高挑的那人边擦脸边点头："对啊，答应了。"

王春富的眼睛瞪了起来："好，既然答应了，又弄那么些群众干什么去了？"

那人装惊讶地问："什么时候啊？"

王春富几乎被这高个子气坏了："好你个'高尔基'，你还给我装疯卖傻，是不是？你自己看看去！"

高个儿也生气起来："我说王副书记，你今天是怎么了，大清早的刚起来，一进门就鼻子不是鼻子，脸不是脸的，有什么事儿你说明白，行不行？"

王春富指了指另一位村干部："让他跟你说吧，你真是气死我了。"说完背过脸去，不再搭理。

另一位村干部笑了笑："老王，都是老弟兄了嘛，干什么还那么大火气？"一转身对着高个儿说："是这么回事儿，前天你答应了王春富拆迁的事儿。"

高个儿点了点头："是啊，我答应了，刚才我也说答应了嘛。"

"是这样，村委认为这件事情宜早不宜迟，为了改造我们村的面貌嘛。所以，昨天上午，村里还开了会，成立了拆迁指挥部，今天就要动工。可是等我们到了这一看，满满一地的群众啊，看来，这件事情并不如想象的那么简单哪。"

高个儿嘿嘿地笑了两声，又叹了口气："我说书记呀，我答应了王春富不假，但是我同时也说就怕群众不答应，毕竟这房子都是自家财产嘛，王春富没向村委汇报这句话吗？再说了，就算是我答应了，你们在动工之前也该给我打声招呼吧？再说句粗话，我要是把闺女许给了你们，你们来接亲也不通知我一声？有这么个理儿吗？"

这句话把扭着脸生气的王春富也逗乐了："你就仗着自己没闺女吧，说出这样的话来。"

另一位村干部却笑不起来，他知道，这是高个儿在耍滑头，昨天吴寿国明明对他讲过，今天他是耍赖了。他扭过脸问："高个，既然你已经答应了王春富，也就是向村委表了态，现在这种局势怎么办？"

这可是一个关键的问题，对这个问题怎么回答，就能看出你是不是真的跟村委保持一致。

高个儿用手挠了挠头皮："哎呀，你们弄得太急了些，这群众都在那儿呢，要说做群众工作，最好是各个击破，现在看来是不行了。这么的吧，一会儿咱们一块儿到现场去，先把阵势稳住，然后你们先不要动工，给我点儿时间，去做做工作。"

高个儿的这个回答让两个村干部哭笑不得，你不能说他不跟村委保持一致，毕竟他说的在理儿，而且是为了工作。但是，他知道高个儿这个计划根本行不通，要让施工队暂停施工，给他时间去做工作，谁知道他需要多长时间把工作做通啊？施工队就那么晾着，怎么跟吴书记交代啊？很明显这个老滑头的是缓兵之计，是要把施工队拖垮！

就在大家磨牙的时候，有人慌里慌张地跑进来："大哥，不好了……"

三个人同时站了起来，高个儿抓住来人的胳膊："喘口气，慢慢说。"

来人喘了一阵子粗气说："咱们村的群众跟村干部要打起来了。"

王春富的脑子轰地一下就乱了，如果发生了群殴事件，问题可就严重了。他摆了一下手："快走！"几个人一起跑出了高个儿的家。

一路上，王春富很是紧张，这是哪个浑小子，怎么能跟村民打架呢，这要出点什么事儿，麻烦可就大了！

他们几个人跑到拆迁现场的时候，就见一个年轻力壮的小伙子正抓着一名村干部的衣服领子推搡着。高个子一眼就看出来了，那正是愣头小子！也不知道是因为什么缘故，很多人都远远地躲在一边儿看热闹，没有一个人到跟前来劝架！

幸亏没有人到前面来，不然的话，这里早就成了群殴的场面！

那名村干部见王春富跑了过来，不知道从哪儿来了一股勇气，突然抽出手来狠狠地打了那小子一记响亮的耳光！

愣头小子像一头暴怒的雄狮，一把把村干部扔出去很远，然后顺手抄起一把铁锹，冲着这名干部插了过去！

在场的人们都发出了一声惊呼，胆小的人都闭上了眼睛！

随着"啊"的一声惨叫，人们看见吴寿国突然趴在了这名村干部的身上。这一锹没有插到村干部，却插在了吴寿国的大腿上！

王春富他们惊呆了！拆迁队员惊呆了！旦门村的群众惊呆了！连那愣头小子自己也惊呆了！他们在心里发问："吴书记是什么时候来的？"

吴寿国趴在地上喊："快摁住他！"旦门村上来几个年轻的小伙子把愣头小子结结实实地摁倒在地上，这小子也没有反抗，吴寿国书记是他最尊重的人，因为吴书记曾经给他父亲救济过，他怎么就竟然把铁锹插在他的大腿上！现在他老老实实地趴在地上，只要能够赎罪，他愿意接受任何处罚！

王春富等扑到吴寿国身边，这时鲜血已经从吴寿国的棉裤里浸了出来。

王春富大喊："快把车开过来！"

几个人把吴寿国抬上了吉普车，吉普车飞速地向乡卫生院开去。

愣头小子放声痛哭起来："叔啊，我不是人，我对不住你呀……"

几个年轻人拉着愣头小子回家去了。

王春富对着拆迁的群众说："大家都看到了，吴书记为了避免不必要的冲突，负伤住院了，我们不能再这样处理问题了！请大家都回去吧，我们拆了大家的房子，也一定给大家建盖更好的房子，我向大家保证，我们一定说到做到！"

说完，又转回身来命令施工队："撤！"施工队的车辆开动了。

群众也都回家了，只剩下有一个人在那里呆呆地站着，阳光下他那顾长的影子如同一颗泪珠，他在反思，在后悔，如果当初自己不要这么自私，也许舅舅今天就不会出事了。他飞奔似地向乡卫生院跑去，他去向自己的舅舅道歉，赔罪。

老房子拆除后，村里建造了一批安置房，600平方米左右。像单身公寓带卫生间、厨房、房间。以前住破旧的木头房，现在住进结实的水泥房，村民们心花怒放。如果自己领去，和孩子同住，村里补助5000元安置费。

这就是吴寿国！

其实村干部难当，是有共识的，每一个担任过村干部的人，肚子里或多或少都有一本苦经。从大到村容村貌改造，小到邻里之间的矛盾纠纷，哪一样不牵动着村干部的神经，又有哪一样不需要村干部出面协调解决。若有不如意，或自以为村里处理不公的，怒目相向者有之，破口大骂者有之，甚至半夜三更打电话到吴寿国家中，让他睡不安稳者也不乏其人。

而这也是吴寿国做了十年村支书之后最痛苦，最难以理解的地方。他说：

"苦点累点倒也罢了,也早有思想准备,只是我没想到的是,我们付出了这么多,建设了这么多,却依然有极少数的人不理解。"

在他这么说的时候,我们看到他的眼中掠过了一丝疲惫。但他很快又抬起头来,继续说:"其实,我也非常能体谅他们的苦衷,改革开放30年了,农民是享受成果最少的一个群体。"

是啊,这确实是很痛苦,也很难解释。也许,将来有一天,吴寿国的这种苦恼会减少。那一天,就是中国社会的各种制度更加完善,社会上贫富差距越来越小、中国农民的整体素质普遍提高、真正和谐的那一天。

但现在肯定还不是时候,现在离那一天还有很长的一段路要走。所以,在今天,像吴寿国这样的村干部就还得有付出,还得继续痛苦和不理解。

3.出彩

在这漫长的十年里,吴寿国担任旦门村党支部书记究竟还做了哪些事呢?

——投资200余万元,建造了村庄与沿海南线相连接的进村大道,浇筑了2700米的水泥路面,使旦仁村的主路呈现出三横两纵的格局。并在宽6米、长约800米的进村大道边修筑起溪坑、绿化带、牌楼、亭子、路墩及小桥。既改变了村庄形象,又方便了群众出入。

——投资24万元建起了一座占地900平方米、总建筑面积达500平方米的村文化活动中心,为村民学科技、求知识、获信息、知情议事、休闲养性提供了好去处。

——村里迁移了200多只露天粪坑,拆除搬迁了大大小小30多处猪栏和10余牛棚,迁移平整了40多户旧宅基,建造了3只标准无害化粪池,建造起村公厕,居民的房前屋后搞起了绿化,还实现了村里人垃圾袋装、统一收集的愿望。

——投入80余万元在村后的山顶上建造起一座库容为4万立方米的饮水库,不仅使村里的老百姓用上了洁净的自来水,而且吴寿国还主动拉来给当地企业单位供水的业务。

——投入100多万元,引导村民改造村前的养殖塘,开发了300余亩经济林,种上杨梅、桔子等水果树,从而增加了村集体账户上的收入。

——从2005年起,村里每隔二年就举办一次农民文化节,每年一次带领村干部上县内外先进乡村交流考察，提升村干部的眼光和意识。

够了，真的够了，哪怕就是完成了这其中一两项，吴寿国也算是一个对旦门村有贡献的人了，也已无愧于家乡的父老乡亲。但如今，在这十年的时间里，他却完成了这么多，从村容到村貌，从物质到精神，全面提升。

昔日的旦仁村已彻底改变了面貌，矗立在人们视线里的是一个庭院秀美、百姓生活安居乐业、崭新的旦门村。

这不得不说是一个巨大的飞跃，一个质的改变。在这改变的背后，却凝结着吴寿国无言的奉献。

2004年，行政村规划调整以后，新成立的旦门村有3500余人。吴寿国以全票通过担任旦门新村的党支部书记。

他原本是有机会逃脱的，但却再一次陷了进去。

陪孙小雄副县长视察旦门村

许多个黄昏，吴寿国吃过晚饭后，总喜欢一个人走出厂门，踏上丹石公路，再右拐，穿过那座高高的牌坊，然后沿着宽阔的水泥村道到村里转转，与这个正在吃饭的村民打个招呼，与那个站在自家庭院里浇花的男人拉几句家常，或者弯下腰，向那个坐在椅子上的老人问候一声。

他的脸上始终挂着祥和的笑容。

这本身就像是一幅画，一幅以大地为宣纸，由夕阳、青山、绿水、农庄以及数个朴实的村民为素材，流淌着浓浓乡情的画。

"村民们对我信任，我苦点累点，无话可说。"吴寿国骄傲地说。

或者背着手，爬上公司后面的一处高坡，他的目光由南向北，慢慢滑过自己的企业、村庄，最后落在前面的大海上。大海一望无际，海浪此起彼伏，拍打堤岸的声音有节奏地送进他的耳中，咸湿的海风吹过他的身子，吹拂起他的头发，他的背后，是一座座逶迤苍翠的青山，再远处，则是一抹火红的晚霞。

"干吧，再一次甩开膀子干吧！春蚕到死丝方尽，蜡烛成灰泪始干。谁叫我是吴寿国呢？"

他的胸膛再一次鼓起了坚毅的风帆。

2010年吴寿国荣获了第九届宁波市优秀企业家的荣誉,站在领奖台上,评委给了他这样一段颁奖词。

"白手起家,篆刻的是他对生活的热情;果敢诚恳,谱写的是他对人生的态度;倾心回报,阐释的是他对社会的责任。追求,既是美德,又是信念! ——美哉吴寿国,壮哉吴寿国。"

而在此之前, 作为企业家的吴寿国和作为村党支部书记的吴寿国已经获得过许多荣誉。宁波市首届优秀中国特色社会主义事业建设者、宁波市劳动模范、宁波市优秀党员、象山县十大农村惠民好书记、象山县慈善事业突出贡献奖、象山县优秀党支部书记、象山县新农村建设突出贡献奖等。

荣耀斐然!

而所有的这些荣耀都是吴寿国用实际行动,一步一个脚印走出来的。

第九章　奉献篇

1. 慈善

　　有人说吴寿国长着一副佛相：黝黑的圆脸，浓眉，宽阔的嘴唇，耳朵和耳垂都很大，是颇具佛相的人。他的脸上也一直挂着佛一样的笑容，无论见到谁，那笑容淡定、从容，又时时透出亲切和真诚，讲话也是平平和和，不徐不疾，似乎缺乏一些平时惯见的事业有成者的豪迈与霸气，倒像是个谦谦君子，含了些书卷气。目光亮亮的，透射出坚毅。讲话时，偶尔会带出几句颇有哲理性的言语。说完之后，那种倍感亲切的笑容就又回到了他的脸上，仿佛那笑容就长在他的脸上。

　　这是一个外表谦恭温良，但内心却藏有经纬的人。是一个很讲修德的人，他十分崇尚儒家学说，比如以人为本，诚信于民，当下这些虽说都是时髦的话，但厚德载物的光辉品德在吴寿国身上却体现了一辈子。就拿吴寿国要好的朋友吕运来来说吧，在吕运来的眼里，吴寿国不仅待朋友真诚，对朋友的父母亲也非常好。每年逢年过节，或是路过总会买点东西去看望朋友的父母亲。吕运来兄弟都在外地，吴寿国经常去看望吕运来的父母，让他们的父母非常感动。对村里人也经常热心帮助，只要人家开口都热心帮忙，只要口袋里还有一分钱都会拿出来帮助人家。对朋友剖腹掏心，对其他人也慷慨解囊。

　　有一天晚上，北风呼啸。吴寿国和一名村干部来到了不远处山坡上的两户人家。这是一对在寒风中瑟瑟发抖的小兄弟。母亲因为

家中太穷离家出走,后来父亲出去寻找母亲,据说在外打工再也没有回来。兄弟俩跟着奶奶艰难度日,家中没有一件像样的物品。残垣破壁让这个家在严冬里就已变成了冰窖……这家的孩子只有11岁,却和猪圈比邻而居——旧板壁处处窟窿,隔床就是猪圈,还兼厕所功能,地道的"人畜同室"。孩子的奶奶呆呆坐在墙角精神不太正常,孩子父亲长年靠打零工揽杂活为生收入微薄,一家三口共用一床烂棉絮……

吴寿国闪着泪花把百元大钞递给了孩子们。孩子们翻来覆去不知是何物,递给老人,老人感慨万千。

村干部说:"吴书记,你真是对他们雪中送炭。"吴书记谦卑地说,"我们应该为这些孩子们做点实实在在的事情了!"说完,他暗暗下定了决心,为孩子们办点实事。

还是在那个杂草丛生的山坡下面,还是在那个风雨飘摇的学校旁边,吴寿国以惊人的速度兑现了自己的承诺,并且把它付诸实施!

他资助了8名失学儿童入学,拿出9万多人民币建造旦门学校教师宿舍楼等,有人建议用他的名字作为学校名,吴寿国考虑再三,坚决不同意。有人说:这是您的善举,为了让我们的孩子们记住这片恩情,请务必把它命名为"吴寿国学校"不妨,——再说许多地方也都有先例。但吴寿国怎么说也不同意!最后,在吴寿国坚持下,还是坚持用了原来的校名。

学校教师宿舍建好后,吴寿国以"好事做到底"的精神,一次次追加投资,为学校基础设施建设劳心费力、添砖加瓦。

我们在一沓资料里看见了不少这样的记述:

"尊敬的吴寿国:

在您的爱心扶持下, 由您第二次捐款近10万元修建的附属工程, 即:围墙、厕所、操场已按项目协议要求全部完工。现将新建工程的照片附上,请您过目……

"首先向您汇报捐资修建的教师宿舍楼一事……现在房子已经立好房架并盖瓦,正在组织装修,预计于8月20日前可以完工,新学期教师们可以高高兴兴搬进新家了……

"吴寿国,遵照您的吩咐,吴寿国中学全体师生一起动手,经过一个多星期的努力,如今干净、卫生的自来水已经引到了校园,极大地方便了广大师生。我们将永远牢记您的关爱、您的恩情!"

学校的《工作总结》这样写道:

"在吴寿国书记的大力支持下,本学期学校各项工作能够顺利完成并取得较大成绩,现总结如下……

"在办学条件方面,学校校园环境规划已初见成效。配有物理、化学、生物实验各一个,实验仪器基本配齐;化学实验室尚缺酒精等药品;实验器具清理登记完毕;学校现有计算机多台,多媒体教室一个,为学校教学提供优越的条件……

"今年的中考本届69名参考学生人均分为334分,高于全县平均300分34个分点。其中初三(2)班姚登学同学以533分获得了全县第二名的好成绩!有48名学生高于丹寨县民族中学录取分数线,上线率为69.5%,创造了建校以来最好成绩……"

数年的无私捐助,旦门学校从无到有、茁壮成长。曾经在规划图上那个美丽的校园如今正一步步变成现实。学校屹立在山旁,面对青山绿水,相得益彰。那是普普通通的三层教学楼吗? 在孩子们的眼中,它是村里的太阳和彩虹!

一个孩子突然闯进他的视野。这是来自一个极其困难家庭的孩子,父母双亡,由伯父抚养长大;他非常勤奋、好学,各科成绩一直名列前茅,是一名尖子生。可是, 如今他却因为无钱上学而面临辍学的可能! 一双眼睛在他面前晃动——这是个苦命的孩子。父母亲因为得了一种奇怪的"大骨节病"(地方病)久治不愈,正当壮年双双去世。他和妹妹被伯父收养。孩子上学后,贫困的伯父因供不起学费,毅然让自己的孩子辍学回家。吴寿国再也坐不住了,他没有半分钟犹豫,立即从办公台下抽屉里拿出早已准备好的汇款单,一笔一划亲自填写起来!

孩子再次走进了校园……他天资聪颖,是个读书的料子,加上刻苦用功,年年成绩名列榜首,这个憋着一口气的小伙子要用自己的发愤来报答伯父,报答资助他上学的吴寿国。

一个年轻人一旦立下了志向,那就没有什么可以阻挡他的了;如果没有什么意外的话,他必定前途无量。

一年、二年、三年……风里来雨里去。这孩子的确没有让吴寿国失望。连寒暑假他都没有回去探望卧病在床的老伯父,去看一看久违的可爱的妹妹。大年除夕的夜晚,外面传来惊天动地的喜庆鞭炮声,这孩子却在简陋狭小、除了一张床和书桌什么都没有的出租屋里泡着方便面, 听着隔壁人家传出的春节联欢晚会的歌声和笑声, 情不自禁默默地流下了思乡的眼泪……擦去眼角的泪水,他开始一遍又一遍地念起了最喜欢的一段话:

"Happiness lies not in the mere possession of money; it lies in the joy of achievement, in the thrill of creative effort!"(幸福不在于拥有金钱,而在于获得

成就时的喜悦以及产生创造力的激情!)这是富兰克林·罗斯福的一段话。一个金元帝国领导人的一段激励自己的话。

他的声音开始很小,慢慢越来越大、越来越强,最后,他几乎是大声叫着、一字一顿地把它念完……力量重新回到了他的身上,他坐到书桌前,让灯光一直伴随着新年晨曦的到来!

是的,他一定能成功,他终于成功了!

就在今年金秋收获的季节,他考上了象山中学。他给吴寿国写了一封信,报告这一喜讯,倾吐感激之情,表达自己立志成才、报效国家的决心!

宽敞的大办公室里只亮着一盏射灯,昏昏暗暗的。已是深夜时分。吴寿国躺在长沙发上,似睡非睡——这沙发也是他的工作床,碰到工厂赶工出货的时候,他就常常睡在办公室里。此刻,他在为这孩子高兴!他感到自己的人生做了一件很有意义的事情!

吴寿国不单单做了这件有意义的事情。在许多旦门村的村民和企业员工的眼中,吴寿国是一个善人。平时的他,乐善好施。赡养着村里一个近亲无儿无女的老人;收养着一个从小被遗弃的小女孩;安排 10 余名残疾人进健鹰公司上班,资助着 8 位失学儿童的学业。

当得知一名外省籍教师患了尿毒症时,素不相识的他立即拿出了 2000 元,并发动全厂职工捐款,安排他的弟弟进厂工作。得知一位患腿疾的妇女,丈夫不幸身亡,带着两个年幼的女儿艰难生活时,他毫不犹豫地一次性送去了 8000 元,还每月定期派人送去 200 元的生活费。

所有的这些,都出自于他的内心。

还有一件事情更加感人。

这件事许多人都不知道。有一年春节上班后,吴寿国边走边看村里人都在做啥?年过得好不好?有啥困难?当他走到一个从河南迁过来的移民家,因是外地人,没有根基,丈夫是瓦匠,长年在深圳做活,妻子彩华在家种田,下有一子二女,大女已嫁,小女正读书,老二是个儿子,是个废人,也是这家最严重的负担。吴寿国下意识地看了看彩华的房子,只见门前老槐树的浓荫下彩华正和几个姐妹打着麻将。

吴寿国给彩华打着招呼:"彩华嫂子,打麻将呢?"

中途不能卜场这是麻将的规矩。等了一会,彩华从麻将桌上下来,也没对吴寿国特别热情,也没端个板凳叫吴寿国坐下,二人就站着讲了会话。

"儿子在哪儿?"这是关心的重点,吴寿国问道。

彩华把吴寿国引到屋后面另一间矮塌的小屋前,吴寿国以为这是间猪屋,难道那孩子就住在里边？

吴寿国推开门弯腰走进小屋，一股难闻的无法形容的臭气扑鼻而来，屋里黑洞洞的，彩华拉亮电灯，只见一团黑色的东西蜷缩在墙角，走近一看，是个人。"这是你儿子吗？"吴寿国问。

彩华只点了点头，没见她脸上眼里没有丝毫的做母亲的难过表情，也许是时间长了，麻木了。吴寿国要彩华把孩子弄的坐起来好跟他说说话，彩华摇了摇头说："他看不见听不到坐不稳，没用的，让您费心了。"

二人走出小屋，在去到正屋的咫尺之间，吴寿国心里十分震撼，这哪是人，分明比猪都不如，不行，决不能让这可怜的孩子长此下去。

在正屋，吴寿国要彩华坐下，在吴寿国再三说服下，彩华才把这孩子的基本情况随便讲给吴寿国听了下。

话再不能往下说，往深说，吴寿国把事情没想好也不能瞎说，只有告辞，临走前，吴寿国给了彩华一千元，彩华接过钱也没说谢谢，但她朴实表情已表达了一片谢意。"彩华，以后有什么事跟我打电话。"于是把一张写好电话号码的纸条递给彩华。

彩华没送，吴寿国心情沉重地向村委会走去。

路上，吴寿国的大脑里经常出现那团蜷缩的黑影，那可怜孩子的样子挥之不去。治疗孩子是重中之重，第一件事是去大医院咨询医生。吴寿国跑到不少医院，市级、省级医院医生说法都是一样，彩华的儿子属于早产婴儿大脑受损引起的重症脑瘫，已错过了治疗期，成了不治的终生残废。如果照料的好，病人可多活些时日，照顾不好，随时都有死亡的可能。

吴寿国所能做的就是说服彩华，改善孩子的生活、居住条件，从而延缓孩子的生命。吴寿国给彩华打了几次电话，都未能说服彩华，一是彩华没文化，交流质量不高，二是彩华说按吴寿国的意见，她什么事都不能做，家里负担太重。

一个月以后，吴寿国毅然作出了一个重要决定。

吴寿国再次来到彩华家。彩华正忙于做营养钵，她身穿一件天蓝色花衣，衣袖高挐、满脸红润，劳动动作熟练而有力，与那天的印象完全不同，是个美丽勤劳的农村妇女。

吴寿国把一大包营养品给彩华，交待一定要给孩子吃。

两人坐下开始商量孩子的事。

彩华接受了吴寿国送来的礼物，心中实感不安，她慢慢放下挐起的衣袖，沉默了一会，好像有很多话要对这个好心人讲，但又不知从何说起。其他的事说了怕不合适，就唠唠孩子吧。

彩华说："吴书记,我知道您是个好心人,我彩华是个没文化的农村女人,但我还是懂得一般的人情世故,您对我们的好心,我彩华领了,至于这孩子的事您就不用费心了。"

吴寿国静静地听着彩华的话,心想眼前这位普通的妇人不仅勤劳善良,而且还是位善解人意的人,这么好的人怎么命这么苦呢? 我一定要帮她。

吴寿国和善地微微一笑道:"彩华,我还没为你做什么,你千万别说这样的话,相反我还过意不去。我今天来一是来看望孩子,二是来与你好好商量下他的事,有什么想法你就直说,不要有什么顾虑。"

"好吧,说起来话长,"彩华这时有些伤感,她用手抹了抹湿润的眼角接着说:"这孩子虽是早产,见是个儿子,全家人不知有多高兴,满月时白白胖胖,人见人爱,到了一岁半,他不会说话,不会走路,周围蛮大的声音他好像没反应,老人们说娃儿有的早,有的迟,再等些时他会说话跑路的,可到了五六岁还是老样,他爸怀疑他有问题,说要去看看医生,一检查,医生说这是严重的小儿脑瘫,要赶快治疗。我们问了下治疗所需的时间和费用后医生又说,你们要有长期打算,这不是一年两年能治好的,费用现还说不好。您看,我三个娃还有老的,能够点吃穿就不错了,哪有这多钱来给他看病呢?所以就拖到了现在。是我对不起这孩子……"彩华说到这里更痛心了,泪从她红红的眼里漫出来。

吴寿国听了孩子的经历,心里很沉重,如有钱早点医治,也许这孩子正在学校念书享受着人生的幸福和快乐呢。"彩华别太伤心,你已为这孩子付出很多,医生说了一般脑瘫重的孩子是活不到成年的,可想,没有你的悉心照顾这孩子,也许早不在人世了,如果我们一起努力,能像你过去那样来照顾他,他可能就活得更长点,如果我们不管他,就让他像现在这样……后面的话我就不说了,你好好想想。"吴寿国是个十分贴心的人,彩华感到了从来没有过的亲近和温暖,此刻吴寿国在她心中就像一个大哥哥,有些话就很自然地就说开了。"您不知道这孩子很脏很麻烦,他听也听不到,看也看不到,肚子饿了不会叫,冷呀热呀不会说,你给他吃他就吃,你给他穿他就穿,什么时候拉又没个规律,这屋子本来不大,别说讲体面至少要干干净净吧,哪个家屋不来个客人,有时真是很难堪。把他弄到后面去是不得已,把他一个人丢在后头黑灯瞎火、孤孤单单,我这做娘的怎么能不心疼呢?乡里乡亲都说我狠心,外人哪知我的难处苦处呵!"彩华又是一阵伤心。

"我有个想法想得到你的同意……"吴寿国说。

"什么事,您说吧。"彩华擦干眼泪。

"我想帮你。"吴寿国终于说出了这句思考了几个月的话。

"不行，不行！"彩华站了起来，显得有些激动，虽然她还不知吴寿国将要怎样帮她，但她已经感到了要受别人的恩惠。吴寿国用手示意她坐下，彩华坐了下来。

吴寿国笑起来说道："我还没说怎样帮你，你就这样，等我把话说完了，我们再商议嘛。"

"好，好，您说。"彩华平静了些。

"我已请了个保姆，让她专门来你家照顾孩子的生活，保姆年纪不老也不少小，身体还硬朗，是别村出来的，别跟她客气，你们吃什么她吃什么，只是讲好了，每月放她三天假，到时你抽出时间替换一下。对了，保姆费你就不用操心了……"

"不行、不行、坚决不行，吴书记，这份情我彩华怎么领受的起！"

"不要说的这么难听，什么领受不领受的，我毕竟目前条件比你好，难道你就忍心看着这孩子受苦，过这人不像人畜物不像畜物的生活？你十月怀胎容易吗？他是你身上掉下的肉呀！"一番话像晴天霹雳，彩华哇地一声哭了起来，这哭声是一个母亲一个饱受磨难的女人压抑内心的苦水的释放，这哭声像一支土地的悲歌震荡在原野、萦回于天际……

吴寿国走后，彩华给远在深圳的丈夫打电话讲了此事，虽然丈夫长年不在家，毕竟他是当家的。丈夫是个老实巴交的手艺人，能说什么呢？只能说就这样吧，以后我们再报答人家。

在吴寿国和保姆要来的那天，彩华天不亮就起了床，她把去年丈夫买的那件韩国套裙穿上，还化了个淡妆，她要烧上几个拿手好菜，好好地招待下她心中的老大哥吴寿国和保姆。夏风温暖而清新，满地的棉花花蕾正开，一望无际的绿叶像湖水荡漾。彩华慢慢走细细想，我彩华是前生的做了恶人今生才有贵人来搭救吗？我是不是快苦到头了？回想嫁到郑家，因这儿子才没有享一天福，孩子脑瘫郑家硬说是彩华带来的，冷眼看够了，骂声听多了，"灾星"的恶名也背不起了。儿子长了这20岁，彩华就偷偷哭了20年。丈夫说是出外谋生不如说是远走高飞，这点只有做妻的她心里最清楚。公婆公爹在世时彩华没少孝敬，大几亩农田她一人操持。孤灯活寡伴冷月，彩华熬过了多少个不眠的夜晚！此刻彩华的心情五味杂陈百感交集，不知是忧还是喜，她的泪水夺眶而出。彩华下得车来，在一个荷花塘边停下，她来到水边用清清凉凉的水洗了一把脸，又对着明镜般的塘水照了一下自己的样子，捋了捋耳边的乌发，露出一丝好看的微笑。

吴寿国与保姆上午 11 点左右到彩华家。吴寿国引保姆来与孩子见面。这哪里是那天见到的孩子？判若两人。原来彩华前一天就把孩子搬到正屋了，她帮孩子好好地洗了个热水澡,换上从镇上买来的新衣裤新鞋袜,请村里的剃头佬师傅到家来为儿子剃了个头,还用花露水把屋里房里洒了个遍。真是人的心情不一样这环境就不同了。

"这孩子哪像二十岁,简直就像个上十岁的娃娃。真可怜!"吴寿国心里感叹着没出声。近看这孩子还是蛮可爱的,最主要是长期营养不良人显得瘦小虚弱。安排好一切事务吴寿国就起程回城了。临走前,又把一个装有两百元钱的信封压在了厨柜的碗底下,信封上写着:记得多给孩子补充些营养。

很快两个多月过去了,孩子也长胖了些,饮食也有了规律,保姆很尽责,把孩子照料得很好,彩华与保姆也相处很和睦,彩华农田也管理得好,棉花长势比去年有盼头。这些好消息对吴寿国来说比什么都强,他像完成了一桩心愿似的,一高兴就在家里饮上一小半杯酒,以表对彩华的祝贺,也是对自己的祝贺。

转眼快到中秋节了, 在这传统的节日里, 吴寿国想着该为这孩子做点什么,对,问问孩子的生日,如能为孩子做个生日,也表达了长辈们的一片心意,这孩子即使不在了,也对这个世界有所留念。

中秋节前两天,也就是孩子生日那天,正好是星期六,吴寿国携夫人带了一些礼品来到彩华家。为孩子买了新衣,又把从礼仪店买来的"生日快乐"四个彩字用透明胶布粘在正堂上,再将蜡烛插在生日蛋糕上,点燃了蜡烛,大家一起唱《生日歌》,"祝你生日快乐、祝你生日快乐……"这歌声情深意笃,是对一个生命的祝福,固然这个生命听不见,更不理会其意,但她是一种关爱是一种奉献,是人间的一片真情。

一年过去了,有一天,彩华突然给吴寿国打来电话说孩子不行了,除了还有点呼吸和脉搏,什么都没了。吴寿国说:"你赶快先弄到医院,我马上赶过去。"吴寿国带上手里仅有的 1000 块钱叫了个专车风驰电掣地赶到卫生院,彩华一见吴寿国就像见到亲人似的哭了起来。

"别急,别哭,什么情况,医生怎么说?"

"什么时候?"

"就是今天凌晨。是突然心脏休克。"

"通知他爸没有?"

"已经通知了。"

不愿让它来的事它还是来了。

送葬那天，一个中年男子递给吴寿国一个黑袖章，孩子用白布盖着摊在堂屋地下，一个装满沙土的大瓷碗里插满了香，香碗前一个瓷盆里烧着纸钱，彩华面色苍白地坐在一旁，她眼泪都流干了，看见吴寿国她慢慢站起，吴寿国扶她坐下。

此时此刻能说什么呢？对于病人和家庭也许都是种解脱。惟一的只能劝活着的人节哀。

中午，有人从镇上送来一个花圈，是吴寿国定的，花圈上除了没有死者的名字其他都用毛笔写好了，吴寿国付了钱，送花圈的人走了。

问孩子的名字都说不知道，只有去问彩华，彩华想了下说叫"家栋"。是他父亲起的。可怜的孩子，长了这么大这名字还没谁叫过。"家栋"，这名字起的好，家庭的栋梁、国家的栋梁，只是命运不好呵！

吴寿国在填上名字的时候感慨万千。在农村一个孩子死了是不会有人送花圈的，尤其是像彩华的这样的孩子，家栋虽是个发育不全的重残人，但他不是小孩，他是成年人，他应有他的尊严。坟地就选在离村子稍远的河边，这孩子短短的一生太寂寞，让他多听听河水的波浪和野地的鸟鸣。

送葬的礼仪很简单，参加的人不多。但最感人的是在骨灰入土前，吴寿国的女儿吴泯秀写了一首现代诗，念后让所有在场的人都掉泪了。

"我不知道你叫什么名字
　只听父亲讲过你的苦难
　你比我大，我比你小
　我叫你一声哥哥
　哥哥你才活了 20 岁就走了
　你生下来就看不到世界是个啥样
　你生下来就听不见牛羊的哞叫
　雀鸟的欢歌
　你只知道肚子饿，身上冷
　却不知道让你饱肚子暖身子的人是谁
　告诉你哥哥
　他们就是生养你的妈妈和爸爸
　还有关心你的亲人和善良的世人
　哥哥你要走好
　我们大家都爱你

哥哥千万要记住

来生再来

你一定要来找你的爸爸妈妈

姐姐妹妹和所有关心你的人"

2.扶贫

一心为善、赠人玫瑰,手留余香,企业发展壮大了,吴寿国一直琢磨如何带动其他村的经济发展。还是在那一年,他做出了一个令人诧异的决定:投资500万元,在边远的定塘和黄避岙和新桥三镇乡开办针织分厂,吸纳当地剩余劳动力,带动村民致富。

一只手在墙上的一张大地图上摸索着,它在寻找什么。

这是一张彩色的象山地图。

在这块"螭龙"古玉的头部和尾部,在那一片红褐色标识着崇山峻岭的地方,已经漂移了许久的那只手停了下来,轻轻地在一个小圆圈上点了一下,"就是这里"———一个粗犷的声音轻轻地念道:"黄避岙村、新桥板岭村、定山村!"

"是的,这几个都是贫困村。"

"我记得您没有去过那个地方。"

"是的,我要去看看……"

他又在那个地方点了一下,语气沉重。一张已被揉得皱巴巴的《今日象山报》从他手中滑落。很长时间没有人说话。秋日的阳光懒洋洋地从大落地玻璃窗斜着身子挤了进来,办公室内整洁清爽,一尘不染。阳光的一角恰巧落在了报纸上。那里用红笔勾勒过的一条大字标题令人触目惊心:"贫困村无事可做,老父亲百方筹措无果绝望自杀!"

吴寿国的轻轻一点,就点出了对山村的绵绵爱心……

那似乎很难称之为路的所在——乱石遍地、狭窄崎岖、泥泞难行。

一边是悬在头顶龇牙咧嘴的石壁,一边是雾气腾腾深不可测的山谷。

他们乘坐的车好不容易穿过一片森林。刚才还是阳光斜照、山花烂漫的早春景象,现在却是细雨霏霏、雾气蒸腾的深秋时分。

寒风挟持着薄雾扑面而来,又抽身而去。小车就像一叶扁舟在山间飘荡,忽左忽右、忽上忽下,时不时还一蹦三尺高,接二连三,让在车里的人发出不同声调的惊呼。

这是 2003 年的 10 月 21 日，天刚蒙蒙亮，吴寿国等"民间扶贫考察团"的热心人在这几个小山村里转悠着，越往山走，人话越来越少，心越来越沉。

路途艰险不用说了。这一路上村民的居所清一色木板和杉皮搭建，层层叠叠加上破破烂烂，有的还东倒西歪不成样子，一根根参差不齐的椽子已发黑腐烂；到处牛羊出没、人畜混居，飘来一阵阵难闻的气味；乡道旁、村屋间，成群结队的大小孩子们跟在老人后面背草牵牛，泥水里前行，或在游廊下玩弄泥巴斗虫草；他们不时停下来，注视着远方的客人。这孩子和青山绿水、奇峰异石、烟雨蒙胧的绝佳风景相映衬，只是可惜他们本应坐在明亮教室里，却过早背上了生活的重担……

这些村庄里的家庭妇女多在家里打打牌，搓搓麻将，说说闲话。听说吴寿国要来办厂，好客的村民们的眼睛齐齐定在了那个在蒙蒙细雨中无言叙说的学校上。

学校已经很破了，从外表看，几幢木屋和一路所见的民居并无大异，沧桑、衰老；窗门洞开、教室里缺胳膊少腿的桌椅板凳顽强地站立在凹凸不平的泥地上；一幢疑似废弃的"男生宿舍"八面来风，寄宿的孩子们正在就着辣椒吃白饭，灶台上熬着"九菜一汤"，用山韭菜加清水煮出的不见油星的野菜汤。吴寿国把勺尝了一口，苦得直咂舌。问起来孩子们却说"比家里好多了！"——一句话让众人心酸。

在回报社会上，别人把企业办到城区来，他把企业办到偏僻的乡村去，主要吸收乡村的劳动力，于是他决定在黄避岙、新桥和定山办三个厂。

当时吴寿国要去偏远农村设点办厂，厂里管理层都想不通，本来针织厂利润就薄，干嘛还要到偏远农村办厂，增加成本，针织厂的管理也很繁琐，增加了管理压力。

来来回回他跑了好几趟，对这几个地方的情况从一无所知到比较了解再到有了较深的认识，与 2001 年一样，消息一出，很多亲朋好友又有不同意见，一是觉得现在针织业市场竞争激烈，能守住现在的场面就很不错。二是针织业利润本来就薄，而黄避岙和定山在象山的版图上都处于偏僻的乡镇，算上运费将是一笔赔本的买卖。三是吴寿国现在身兼两职，已经在超负荷工作了，如果再扩大业务，身体怎么吃得消。

但赔本也好，不赔本也罢，他吴寿国就是吴寿国。他看得更远。

"很多人都把目光盯在'赚'与'亏'上，当然，这个问题很重要，你办企业的目的就是为了挣钱。但作为一个企业家，他肩上的担子应该更重，应该承载自已富起来了,也要让老百姓富起来的责任。在我看来,要让老百姓富起来,仅解决那儿的硬件设施是远远不够的,必须首先解决劳动力出路问题。如今,许多偏远乡镇的青壮年都外出打工了,大量妇女在家赋闲。我到那儿办厂,解决了富余劳动力的出路问题,也算是一件善举吧。至于'赚'还是'亏',已在其次了。"

原来如此!

他先是将闲置着的占地面积为 4500 平方米的原定山蔬菜公司的厂房吃了过来,成立了宁波健鹰制衣有限公司,并于 2004 年的 11 月投产。时隔不久,他又租赁了闲置的占地 8500 平方米的原黄避岙乡中学校舍,装修后成立宁波健鹰服饰有限公司。

300 余名没有学历、没有技术的农民培训后安排了工作,闲置已久的厂房和校舍得到利用,重新焕发出了生命。

2006 年,是吴寿国办厂的第三个困难时期,第一次是在办厂初期,无资金、无业务、无技术,纯粹靠意志与信念拼了过来。第二次是上世纪 90 年代中叶,吴寿国刚刚建起新厂房,就碰到了全球金融风暴,沉重的债务几乎压得他喘不过气。这一次,是客户侵吞巨额货款,尽管通过努力,追了一些回来,但毕竟还是损失了七八百万。但即使在这样的情况下,他还是腾出 300 万,投在当时还是县级贫困村的新桥镇板岭村,成立了分厂。

值得一提的是,仅仅时隔一年,定山村和板岭村就双双成为宁波市小康示范村。

这其中,虽然不能说全是吴寿国的功劳,但至少有他的一部分贡献吧。

或许,这就是一个普普通通中国企业家的责任和胸怀。

在偏远村庄办厂完全是尽社会责任。许多村民进了企业后,有了收入,在社会稳定方面也起到一定作用。这个厂是劳动密集型的,能吸收不少劳动力,年龄大一点的也放宽条件,吸收进来,安排相对轻松的剪线头等工种。本来板岭厂,年龄想招年轻点的的村民,后

在车间视察工作

来有些年龄大的也要求进来，吴寿国考虑到当地群众的实际，就放宽条件，只要眼睛还好，能适应工作的就放宽年龄条件。剪线头的，60多岁的老人都有，虽然也有孩子会提供照顾，但自己能赚钱，工作得很开心。每天有奔头，生活有节奏了。

现在想想，吴寿国是完全为了老百姓考虑。他有一句话：生命不息，战斗不止。这个战斗也是为百姓谋福利而战。包括定山那个厂也一样；黄皮岙，利用学校的8000多平方米闲置厂房，路最远。厂房附近都没有工厂。当地村也希望引进吴寿国的企业，因为企业口碑很好。板岭村，引进企业后，村庄整洁了，村里面貌也有很大改善。

3.帮困

那年12月31日了，吴寿国因为发热住进卫生院，晚上，吴寿国吃过了晚饭，来到了医院的活动室，观看中央电视台第三套文艺频道的精彩电视节目。不知不觉间，时针敲响了九下，离新年只有3个小时了。吴寿国想起了残疾村民过元旦的文娱生活很贫乏。在他来医院之前，把自己家的MP3音乐播放器、DVD、戏曲及相声和小品的光盘捐给了残疾村民，希望能让他们过一个快乐的元旦。

时钟快指向九点半了，电视节目里正演文艺晚会，赵本山的小品《拜年》把晚会的精彩推向了高潮。吴寿国再也按捺不住自己焦急的心情了，拿起了手机，拨通了公司工会主席的电话："王赛芬吗？"

对方："是我，吴总呀，你的身体好点了吗？"

吴寿国打断了王赛芬说了半句的话，说道："你是工会主席，我现在要知道吴金玉母亲的风湿性关节炎用中药治疗的效果如何？车明良的身体如何？"吴寿国说的两人，都是村里的残疾村民。

王赛芬："吴总，'大慈善家'，现在你的身体还没完全恢复，就又要'多管闲事'呀，他们都好的，你要好好保重你的身体，身体可是革命的本钱哟！"

话还没讲完，护士就喊起来了："各位患者同志，休息的时间到了，请您们回各自的病房休息。"

"吴寿国，请回病房，给你测一下血压与体温。"护士长一脸严肃地说道。

吴寿国随着护士长方丽与护士吴建芬回到了自己病房。

　　方护士长依次为吴寿国测了体温与脉搏,之后又量了血压。

　　这些工作完成后吴护士用塑料圆壳送来了大大小小十片中药与西药,"吴寿国,你该吃药了。"吴护士微笑着说道。

　　方护士长用塑料杯子端来了一杯白开水,笑着说道:"请吃药。"

　　在住院期间,吴寿国不慎又得了感冒,吴寿国的心里斗争着,自嘲道:"我是一名土生土长的农民,在寒冬腊月,我曾用带冰的冷水洗头洗澡,也没得过任何的病。我想就是因为现在住院的生活条件太好了,吃的太好了,'温室效应'太高了……所以我的抵抗力下降了,得了感冒。"其实他是在为村里的几个残疾村民而动脑筋!

　　吴寿国看着大大小小的药片,皱了一下眉头,心想:它们是匪徒,我要战胜它们!之后,他张开了嘴,把十片药一同放在舌面上,然后用水冲服,使劲地咽到了肚里,开始有很强烈的反胃感,向嘴外呕吐,一会后,吴寿国终于用毅力战胜了不良反应,身体开始平静了。

　　吴寿国:"护士长同志,和您商量一下,让我再看一会儿电视行不?刚刚播到的电视剧《亮剑》再有十五分钟就结束了……"

　　护士长:"不行,医院有制度,晚上十点患者必须按时休息。"

　　"小吴儿,给他打一针,帮助他睡眠。"

　　"是的,护士长。"

　　吴寿国打完针,很快就进入了梦乡。

　　然而,吴寿国惦记着的这两人,是他的扶贫结对对象:吴金玉,家里一贫如洗,父亲年纪很大,母亲腿脚残疾,无法生活自理,在学校了解到情况后,从小学开始结对,一直到中学毕业,吴金玉结婚后还经常来看望吴寿国,过年过节也还经常来。家里两间房,建在山顶上。出行很不方便,家里两姐妹。姐姐因为家庭困难,没读几年书,外出打工了,妹妹和吴寿国结对后,得到资助,吴寿国非常关心她的学习生活,还把她的姐姐安排在工厂了,姐姐有了固定的收入,改善了家庭生活。家里买安置房,吴寿国又慷慨解囊。

　　村残疾人车明良也是这样,1988年办厂第一年就吸收进来,车明良驼背,心脏也有毛病,冷热都不适。一直以来,吴寿国给他安排最轻松的活,如管管电梯等。招进来后,如果一味给他钱的话,他心里会不踏实,给他安排轻松些的岗位。几年前成立职工活动中心图书馆后,安排他担任图书管理员,不规定上班时间。今年身体特别不好,就让他在家里休息,工资照发,让车明良十分感激。

　　吴寿国在睡眠中做了个梦:那是一个星期六早晨5点半,吴寿国扛着一捆一米八高的细竹竿儿来到吴金玉家,吴金玉家是在另一个自然村,需要走过山路，他一路蜿蜒而上，树木、河流、村庄、山花……偶尔还有一只野兔或松鼠跑过来，然后便调皮地跑入了林间深处，不见了踪影。林间深处的山鸡和鸟儿们在高声歌唱，它们在开演唱会，在歌唱这大自然的和谐之美！他是要去给金玉家帮助大棚黄瓜立架、爬蔓，做技术指导。到了吴金玉家，吴寿国顾不了满头大汗，来到了南面朝阳的一块山地上的四亩无滴膜大棚里。初夏的艳阳，照在山野与大棚上，绿的树林；红的野花；白的溪水；蓝的大棚……几只小鸟在林间歌唱；两只松鼠互相追逐着嬉戏，抢着松籽；……吴寿国他们进到了大棚里，一种初夏的感觉油然而生。纵横有序的菜畦盘里，一株株一米左右的嫩黄瓜秧，嫩绿喜人，横成行，纵成列的整齐有序的排列着。有的秧苗上已盛开了朵朵金黄色的小花，小花周围飞舞着几只从棚外飞进来的蜜蜂，跳着八字舞，与瓜秧相映成趣！"黄瓜秧儿马上就要爬架蔓了，架竿儿，让它们爬高、长壮、结硕果"，吴寿国吩咐道。之后又一起把竹竿前后交叉固定住，用尼龙绳绑牢，将近一个小时的工作，得以圆满地完成了任务。

梦做完了，天也亮了。

吴寿国一起床，穿好衣服就往村里跑，护士拦都拦不住。

他马上回公司和大家商量成立了助残服务队的事，他还准备拿出 300 万元作为企业冠名基金。叫佳利集团慈善济困基金，用来帮助那些需要帮助的人。在东城中学设立了奖助学基金。

吴寿国经过多方的奔走，耐心的到各主管部门说服，经过一番紧张的筹备，2007 年 8 月，佳利集团慈善济困基金正式注册成立，资本金 300 万人民币，由吴寿国捐赠。这个消息一传开，顿时引起了人们的注意，各路记者纷至沓来。

记者：吴寿国，您已经为捐建了学校作出贡献了，为什么现在又出资注册"佳利集团慈善济困基金"，我们很想知道您对这情有独钟的缘由？

吴寿国：说起来，是偶然的机缘使我想起自己小时候的艰难，人有困难的时候，最希望得到支持与温暖，我就是抱着这种心态做自己该做的事。其实这不是什么太了不起的事情……在全国众多的基金会中，我们这个只有 300 万注册资金的基金会，只是一个"蚂蚁"级的，但我们将以"蚂蚁啃骨头的精神"，来支持和帮助些需要帮助的人。

他用这个基金办了福利企业，现在福利企业没人办，因为没有优惠政策，但是吴寿国把 18 个旦门村附近的残疾人都吸收安排到企业中来。

在吴寿国的带头下，企业十加二结对。

公司党员与残疾人结对。

在吴寿国的企业中，1500 人，除了新疆企业，本地企业只有 3% 是外地人，其他都是本地人,解决当地劳动力,带动当地村民致富,增加村民收入功不可没。

是的,吴寿国是千万名共产党员中普普通通的一位,而且还是沧海一粟,烛炬之辉!为了家乡的慈善事业,他曾多方奔走、捐款,他的事迹家喻户晓,从象山县第12届到如今第17届他都被人民选为县里的人大代表;宁波市第十一、第十二届党代表。

从旦门村回来的路上,以及接下来的许多个夜晚,我们经常议论商量,甚至独自坐在那个简陋的办公室里,我面前的烟灰缸里躺满了烟蒂。

我们的眼前一直浮现着吴寿国,他的音容,他的笑貌,甚至他离去时有些落寞的背影,都挥之不去。有几次,我们感觉到自己已经与他很接近了,但转瞬之间,却似乎又离我很远。

我们在思考吴寿国,用现代世俗的眼光审视着他,妄想解剖他,窥视他的内心世界。这段日子有一个问题一直使我们很苦恼,它像绳索一样困扰着我们:作为一个功成名就的企业家,吴寿国为什么要这么做?又是什么在支撑着他的精神,使他无怨无悔地一路前行?

吴寿国把它归结于小时候母亲的教诲。他说:"小时候,母亲常给我讲故事,告诫我做人要正直、稳重,要有美德。母亲对我的影响很大。"他灿然说道。

但除此之外呢?

在吴寿国的办公室里,他的办公桌后面是一整排书架,占据了整整一堵墙,正中间的位置上摆放着一张巨大的毛主席的像,那是一幅毛主席在天安门城楼上挥手的像,这与其他企业家的办公室有些不同。他说:"像这样的像他一共有五幅。"说完之后,还不厌其烦领我去看了看。另一面墙上挂着一幅书法作品,内容是毛主席的诗词《沁园春·雪》,再过去一点,悬挂着一副对联,由象山县地税局副局长王其伟撰联,文联副主席许吉安书写,内容为:"立身以仁义为基,创业以诚毅为本。"

所有的这些,似乎都在向我们暗示吴寿国精神层面上的一个指向。

吴寿国常说:"人生的价值就在于人对社会的贡献。我办企业是这样,当村支书也是这样,既锻炼了自己,也提高了别人,尤其是企业,我感触特别深,它对社会的经济发展和一方的社会安定起到了相当重要的作用。"

人生价值,这是一个已经久违了的名词,这年头,再提这个,恐怕将会有冬烘之嫌,被人贻笑甚至不齿,毕竟今天与保尔·柯察金的时代有着许多区别。但在吴寿国眼中,这四个字却是成色十足,依然闪耀着迷人的光芒,并成为他甘心为之付出,不懈追求的终极目标。

应该说，一个人的人生是短暂的，如果放在漫长的历史长河中，可能只是一个看不见的点，但如何让这样的一个点像星星一样闪闪发光，让自己的人生像鹰一样高高地飞翔？不同的人自是有着不同的选择。纵观吴寿国的半生，他每一步都在让自己的生命发光。他是用这样的方式书写着人生，也在用实际行动拓展着生命的长度和宽度。

那么，又是什么在支撑着吴寿国呢？

有一个晚上，我们无聊之中偶尔翻阅著名诗人艾青的诗作，看到了两句："为什么我的眼中常含泪水，因为我对这片土地爱得深沉。"

仿佛在黑暗中见到了光明，我们的眼前豁然开朗。

我们再一次想起了吴寿国，这个常常有着像佛一样笑容的人。

据说佛的心中藏有大爱，也许，正是这个大爱架构起了吴寿国的整个精神世界。

我们觉得应该找到了答案。

第十章 亲情篇

1.扶持

吴寿国不仅有慈善之心,而且有如海的亲情。

他与其弟吴灵通从小到大,风风雨雨,就足以说明这一点。

他们是一对同父母所生的亲兄弟。吴寿国生于 1958 年,弟弟吴灵通生于 1960 年,哥哥长得圆脸佛相,弟弟长得稍瘦,但精干。到了可以读书上学的年龄,父母亲就将他俩一道送进了村小学。

这对亲兄弟之间

2000 年 3 月吴亚玲、朱玲妹、顾美凤合影

有一点非常相同。这就是心地都十分善良,富有同情心和乐意帮助别人。不单彼此间相处是如此,对亲朋邻里和相互熟悉的老师、同学是如此,就是对待素不相识的外乡人也是这样。

但是也有一点非常不同。这就是哥哥沉稳,肚量大,被别人骂了,侮辱了,他都不会计较;弟弟机灵,不肯认输。两兄弟一文一武,反差很大。而且不是一般的,而是彼此之间差距十分巨大的——简直可以说有天壤之别,怎不知同一母亲所生的两个孩子之间,为什么会是如此,但是事实上却确实如此。

哥哥学习刻苦,记忆力好,简直是过目不忘,才思涌涌。从小学一年级开始,他就次次考试是班上和年级的第一名,即使只有一门功课考了第二或第三名,他也会一连难过上好几天。特别是爱好文学,醉心写作。小学尚未毕业,当别的孩子还只对连环画、小人书这类读物感兴趣的时候,他就爱不释手地捧着大部大部的《苦菜花》、《水浒》在啃了;进入中学以后,更是读遍了所能搜集到的古今中外文学名著。他写的各种体裁的文章,其水平要高出同年级的其他学生好几年,经常在学校的作文竞赛中获奖。人人都夸奖他,羡慕他,他就如荒野草丛中长出的一株灵芝,山岩砂砾里采到的一颗光彩夺目的钻石。

但是造化对待同一躯体中孕育出来的另外一个人,对待他的弟弟,却就没有这样慷慨了。吴灵通学习虽没哥哥好,但也不错,从另一个角度说,比哥哥还聪明,就是不愿意刻苦,胆子大,也好跟其他同学打架,老师感到有点头痛。

于是受父母和学校的双重委托,哥哥吴寿国就担负起了另一项任务——做小老师,经常给教弟弟讲些大道理,说实在的,除了年纪小了一点以外,他是完全有资格充当这一职务的,经堂劝他少与别的同学吵架,因此他勉强地拖到了小学四年级,11岁的弟弟就不读书了,一是家里穷,二是实在也无法读下去了,只好去放牛。夕阳照在牧牛的田野上,他感到十分开心;而做哥哥的成绩则不论在小学抑或中学阶段都一直是同学中的佼佼者,并且一直当班长。如果不是那场史无前例的大革命,不是唯身份论,闹得大学招不了生,加上家庭成分又使他失掉了被推荐的资格,谁能担保他就不能像别人那样进入名牌大学深造,成长为博士教授专家学者呢?大伙——包括他的父母亲属、邻居朋友、学校老师以及所有熟悉和了解他的人,都一致认为他会大有前途。事在人为么,已经有了这么好的基础,再加上坚韧不拔的努力,将来还怕不能出人头地?"吴寿国"这个名字,就是他的父母起名时,意即希望他凭借着得天独厚的天赋能替自己和这个世代的农民之家以及我们伟大的祖国争取来享用不尽的财富和巨大幸福;弟弟起的名字叫"吴灵通",也与他的个性相似,有大本领大能耐。

那次,"吴寿国啊吴寿国,"重病卧床的爸爸不止一次地颤声叮嘱道,"你学习好、能力大,我一点没有什么可忧虑的,我最不放心的就是你的弟弟,他实在太皮啦,你这个做哥哥的今后发了、富了,可别忘了还有个弟弟哪,千万要帮衬着让他也能有个好日子,我到了九泉之下也能瞑目了。"

然而,兄弟俩歇学回家后,他们相互之间,情同手足。手和足,是人体不可分离的支体,视吴寿国兄弟亲情为手足!确实这样。他们的情

与弟弟吴灵通合影

感可用苦难共度深似海来表达!

我们在采访时,吴灵通告诉我们说,三兄妹,他哥出生在中国最困难的时候,他出生那年,他爸又生病。从他记事开始,能吃饱已经不错,吃不饱是经常的事情。

"我妈很能持家。晚上不能吃米饭,只能吃番薯。只有中午能吃顿米饭。很贫困的家庭,父亲生病导致残疾,人家能拿 10 分工分,父亲只能拿 8、9 分,一家人靠父亲一人赚工分。吃的有一顿没一顿的。

"社会关系的不正常。哥哥 6 岁上学,一向成绩很好,很努力学习,在班里数一数二,当班长。每个老师都很喜欢他。他读书的时间也花得不多。我 8 岁读书,家里条件不好,11 岁不读书,让给哥哥读。我放牛拿工分,贴补家用。放了 2 年牛。11 岁到 13 岁。

"哥哥很关照弟妹。我比较顽皮。他是很文气的。我一年级到三年级,那时候,10 个生产队合并成大队,有一头牛没人看,爸爸回来跟我说。我想哥哥读书这么好,妹妹刚开始上学,我成绩也不好,于是就打算放牛,不读书。感觉到读书的希望不大。一年有 80 工分,每工 0.8 元,这样下来也就六七十块钱,在家里最困难的时候,也能贴补家用。

"我 13 岁时,我父母亲和哥哥都劝我继续读书。

"读小学的时候,哥哥初中毕业。高中不能上。安排他代课,什么也轮不到,因为社会成分不好。

"我 13 岁读到 15 岁,小学毕业,想来想去,像哥哥读书成绩这么好的,老师这么喜欢的,初中毕业还是什么事都干不成,读书有什么用。说什么也不读书了。自己放弃读书。那段时间,因为哥哥比较早熟,哥哥一直很关心我,只要我想吃的东西,哥哥总是让给我吃。比如家里番薯总是先给我吃。全家兄弟姐妹关系非常好。"

那时候,吴寿国家里穷,加上他坎坷的经历,但兄弟间关系很好。有一件事足以体现他们的亲情。

这得从弟弟吴灵通说起。

吴灵通从小调皮,父母生怕小儿子长大了吃不开,就想让他学门手艺。15 岁那年,有一天,父母称了五斤生产队分的菜油,捉了一对肉嘟嘟的老母鸡,外加一大堆央求话和恭维话,把他送到了一位亲戚所在的盐场当学徒。像他这号人,学会晒盐这个手艺,将来不饿死就该谢天谢地啦,还能有什么更高的企求呢?做父母的还当着两个儿子的面讲明:将来他俩年老做不动后,当哥哥的要负责赡养,并且所有家产,包括三间半新不旧的草房、一座带有低矮围墙的小院、三棵桔子树,全部由吴灵通继承糊口。他做哥哥的必须有这个风格。吴寿国爽朗地非常大度地一口答应了。"这些将来统统让给弟弟得啦。"父母还说:"不仅如此,以后当哥的还要尽其所能地在其他方面帮助弟弟,如果连自家兄弟挨饿受穷都看着不睬不问,那还算个啥号人呢?"

然而,这对亲兄弟就这么各走各的路干起来了。哥哥吴寿国一边在家务农种田,一边寻找出路。弟弟吴灵通晒盐满足不了他一颗平静的心。

"四人帮"倒台特别是党的十一届三中全会以后,改革开放和经济政策放宽给两兄弟的命运出现了转机:有一年,村里出现了多年难遇的好收成,不仅稻麦粮食就连甘薯、胡萝卜这类作物都获得了大丰收,而这类作物难以久藏不及时脱手是会坏掉受损失的,乡亲们为此十分发愁,吴灵通脑筋一动,打算从事甘薯、胡萝卜长途贩运。

这桩买卖,短短几个月就让吴灵通净赚了不少。这一来吴灵通的想法更大胆了,他认为必须出去闯!只有闯,才能给他带来更好的运气。

结果,他一闯闯到了新疆。

20岁他开始去新疆打工。在工地上做泥工,非常辛苦,但收入高些,每月可挣100多元。

与此同时,哥哥吴寿国的生命之旅也出现了新的变化,吴寿国在教书期间,爱神丘比特的箭射中了这位艰难的年轻人。

24岁,哥哥要结婚分家了。

哥哥要结婚了,家里很困难,怎么办?弟弟吴灵通没有二话,当即把积攒下来的800多元都寄回来给哥哥结婚用。

吴寿国结婚以后,就有小孩了。1984年春2月,吴寿国对弟弟说,世上没有不散的宴席,我现有个小孩,以后开支大,我们分家吧!吴灵通说,过去那么艰苦都过来了,我还没结婚,不会影响你和父母的。可是吴寿国为了不给弟弟负担,在腊月里,当吴灵通不在家时,给家分开了。腊月二十五,弟弟出差回来,看到原有一个大门变成两个大门,看到其景,心中十分难过,吴寿国说,家中的房屋财产平分。弟弟深情地对哥说,这家都是你一手创造的,你有了儿子,以后不容易,前后各一间吧,其他的财产、剩余的钱一切给你,我是无产阶级,一个人,父母一直跟我一起住。哥哥是心眼好,但不善表达。弟弟善于表达。对父母照顾也很好。从此,我们兄弟俩一直情同手足。

吴寿国又遇经济低谷,弟弟说,你债务都给我吧。尽管他自己还没结婚,就把1000多元的债务揽过来。吴灵通说,兄弟是无所谓的,总是要相互帮助的。

是的,就在这时,弟弟吴灵通找上门来了。

吴灵通望着酸楚楚灰溜溜的哥哥和嫂子，讷讷了半晌才鼓起勇气吞吞吐吐地说："哥，不知你近来手头用钱觉不觉得吃紧，俺这几年多少也算赚了一点，要是你感到日子过得有啥困难的话，打个招呼，弟大的忙帮不了，千儿八百的还不是多大难事，如果你和俺嫂想出来挣几个活钱使使，俺那里也可……"

"不吃紧，不吃紧，"自尊心向来十分强烈的哥哥连连摇手道，"谢谢你的这一番好意。我们总算还马虎过得下去。至于外出打工挣活钱，这个打算你嫂和我暂时还没……"

"那么那点家产……"

"那是爹妈讲明分给你的，如果现在你就想要……"

"你错领会我的意思啦，我是想说，反正我派不上用场，不如干脆让爹妈改分给你好了。"

"那怎么行呢？已经说定了的事情可不能随意……"

"既然如此，房子的事就以后再说好啦。那么那三棵桔子树，我的意思是那点儿收入，往后你就自个留着别再给我送去了。"

做哥哥的没有吭声。俗话说"三棵果树可养老"，那几棵桔子树正当龄，一年能产不少果，卖不少钱，对一个人不敷出的家庭来说，的确是个不小的贴补，以往他总是每年打下果，卖了钱一分不差地给弟弟送去，"既然如此，"他沉默了好一会以后说，"那我就暂且留着——就算是我借你的，以后悉数归还就是了。"

1994年吴灵通在火车站边上开了灵通宾馆起家，生意很红火。

人人都朝吴灵通投去钦佩和羡慕的目光，人人都恭维他的双亲有福，尊称吴寿国父母他们为"老大"、"老太"，称赞他俩生了一个为乡邻争光，为祖宗争气的好儿子。

也就在这时，有一支姗姗来迟的丘比特射中了这位年轻人。羞答答地将彩球抛到了这位弟弟的身上。

那是在北仑时，在北仑的海边上，吴灵通和北仑姑娘顾美凤在漫步而行，渐渐地，吴灵通在思索中停了下来，俯首栏杆凝视着海面。

顾美凤只好止步，

旦门文化节

紧挨他看着海面：灵通，你又在胡思乱想什么，是吗？

美凤，我的情况是这个样子，你能不担心吗？

我不担心，我喜欢的是你的人，其他我都不管。

无论是早点，还是晚点，你总得有个思想准备吧。

是的，我已经想过了，大不了我们到上海去发展。

好，有你这句话，我就放心了。说完，一把抱起顾美凤，旋转起来。

海风在轻轻地吹，海浪在轻轻地摇。

他俩融化在一起了。

在这里我认为有必要就他的婚姻拖得这么久作一点补充说明。起初吴灵通是有一个妻子，是父母包办的，吴灵通不喜欢，不久就离婚了。家人多次催他再找一个，吴灵通就是不愿意。这次是北仑的风把顾美凤吹到吴灵通面前，让吴灵通打心里感到高兴。

当然这对吴家来说，别说有多开心！

吴寿国这时的经济状况有了好转，他为弟弟四处张罗婚事。

弟弟终于有个家了。吴寿国在前面带着路，弟弟和弟媳妇屁颠屁颠跟着。矮小的篱笆护栏，一堆精力旺盛的喇叭花吵嚷在上面，浓密的枝叶间点缀着些许花朵。简单的树枝编制成院门，在风中摇曳着，弱不禁风。院内一棵碗粗的小树，长的还算苗壮，茂密的树叶，在上停歇的小鸟叽叽喳喳地叫着。新屋成品字矗立在院中，绿树上鸟儿在上面安了家，此时正在享受着刚捉到的晚餐。吴寿国对弟弟说："这就是你的家。"很是亲切。弟弟吴灵通看到眼前的一切，激动的泪水直流。曾几何时，他们对家这个词语，非常敏感，那些年，他们奋斗了一年又一年，谈了 N 次感情，输给了那些用钢筋混凝土堆起来的建筑，而失去了爱情的真谛。看着眼前的新屋，弟弟心里一阵温暖，没想到最后陪着回家的竟然是和他一起奋斗了多年的兄弟，现在这种感觉是真实的，真实存在的。回头抱着他哥哥，眼睛不由的湿润了。"哥，我终于有个家了，终于有了一个属于我的家了。"吴寿国的眼睛里闪烁着泪花："是啊，灵通，这就是你自己的家了。"说着，声音明显有些颤抖。

更动人的还在后头。

从此，两兄弟，一个在家搞企业，一个在外搞酒店。生意也都不错。

吴寿国有一家颇具规模的服装厂，在他的经营下，世界服装业经过多年的疲软以后行情忽然看好，天时人和，接连做成了几笔外贸生意，着实赚了一笔，加上其他几个项目的经营收入，不几年工夫吴寿国就成了拥有好几百万家财的大亨大款了。

他的名字不单在村里成了家喻户晓，而且渐渐超出了乡界乃至县界。报刊上开始越来越经常地出现有关他的情况和事迹的报导，省电视台的记者还分两次对他进行了详细的专题采访，并安排在晚上黄金时间内播出。他被推选为县政协委员，出席过县和市的人代大会。他出

上海宏通海鲜坊一角

资替乡小学建造的运动场，里面还竖起了新篮球架，排球架,学校还举行隆重仪式向他颁发了大红聘书。他每年春节都要带着许多礼物去乡敬老院拜年，敬老院的孤老们把"尊老爱幼"的大匾敲锣打鼓抬进了他的厅堂。

弟弟吴灵通也不错，宁波办了酒店后，又进军大上海，他和美凤在上海也办了一家大酒店。

但到了2006年吴寿国的经济又出现了滑坡。

心地善良很注重亲情的吴灵通又一次来到了哥哥的屋里，这位西装革履的企业家是坐着自己的奔驰轿车来的，身后还跟着几个精明强干的下属。他的哥哥吴寿国则眼神黯淡，面容不佳，还不住地咳嗽。至于嫂子，当年娇美妻子也成了徐娘了。

"哥哥,"吴灵通照例涨红着脸说,你看,本来我们全家不用回老家旦门,早就可以在宁波发展的,你办你的工厂,我办我的三产,都可以在宁波发展得很好,家人也可以一起出来,过上更好的日子。像我在宁波、上海酒店都搞得不错,现在害我们一家还要回老家。

吴寿国没有吭声。他还在沉吟。他的表情奇怪，眼神复杂。他的那位舍弃了一切跟着他跑进这个穷山村受了20年活罪的感情上依然对他忠贞不渝的妻子，抬起头用温柔的充满期待的目光望着他。

他仍然没吭声。

他知道，他那位舍弃了优裕生活条件跟着他住进了山村的如花似玉的妻子，也同样充满了同一种心情，并且深深懂得"每一位成功的男人背后都站着一个富有牺牲精神的女人"，出门下地帮着间苗、拔草，回到屋里则又袖子一卷,围腰布一系,还帮着丈夫为员工做饭,有多少家务活儿都全包了:以便让丈

夫有足够的时间和精力来从事那项关系到他俩命运和前途的重大工作。

然而，她现在期盼着弟弟能给她老公一句实质性的话。

吴灵通从衣袋里掏出一张纸来："拿着吧，这是我广东的200多亩土地证，你去贷款，解决你的资金周转问题。"

吴寿国和妻子看到这，一种难言的心境油然而生。什么叫患难兄弟？这就是世间的真情！它像一轮太阳，使大地回春，像皎洁的明月，让黑暗明亮。

吴寿国和弟弟抱在一起，泪水潸然而下。

2.关爱

但是，要说起吴寿国的兄弟情，吴灵通也是非常感激的。当时吴灵通的媳妇顾美凤生病住在上海一家大医院，吴寿国知道后，马上赶到上海。"什么叫手足情！当时我有责任帮助弟弟渡过难关，尽管那时我经济也紧张，我还是想法弄到五千元给他。"吴寿国知道他经济出现危机，我主动给他弟弟零花钱。下面是吴寿国的录音：

"那天，我和灵通带着弟媳妇到上海医院作全面检查。过两天报告出来了，第一时间我知道结果，弟媳妇晚期白血病，当时我大脑一片空白，眼泪像钱塘江的潮水止不住的喷发而出。天呐！为什么上帝不公平病痛要生在她身上？怎么办？我安慰她后，就和灵通商量，一致的想法一定要从死神手中救回自己苦难一生的弟媳妇，各自拿出几千元钱，第二天弟媳妇就住进了医院，那天我买了一束鲜花在门外，心中默许保佑她能平安！从上午十点进去到下午四点出来，那一刻我第一个跑上去把鲜花放在弟媳妇的身边。"

深秋的乡村已经有了凉意，吴寿国禁不住打了一个寒战，鼻子里痒得难受，就是打不出一个喷嚏。吴寿国给弟弟吴灵通打了电话，电话那头说，媳妇不行了，在医院急救中心。电话里的声音显得十分唐突，也没多解释就挂了电话。吴寿国马上从象山赶到上海。到医院的时候，弟媳妇只剩下一丝往外呼出的气，断断续续中说：大哥，灵通，我不行了，你们要好好照顾三个孩子！说完，就闭上了眼睛。

吴寿国从口袋里掏出一沓钱，大声哭道："弟媳妇！"那一刻，此情此景何等的痛苦！吴灵通妻子顾美凤去世时，吴寿国还专门为她写了一副挽联："十年奋争业绩辉煌传沪甬 一生辛劳壮志未酬归仁义。"最难受的是灵通，他跪在灵堂前对媳妇说:"媳妇呵,你放心地走好!三个孩子我会照顾好的!"在弟媳妇逝世一周年,吴寿国还在象山日报上发了一篇追念文章《好弟媳顾美凤》,全文如下:

好弟媳顾美凤

吴寿国

我的好弟媳顾美凤患白血病而逝已整整一周年了。去年7月17日在上海瑞金医院病逝的那天,亲属好友撕心裂肺般的号哭,迄今还让我铭心刻骨。

美凤走得实在太早了,她只有32岁呀!回忆起她生前的创业和生活经历,我从心底里钦佩她。

1987年,美凤高考落榜,拿着25元钱离开了生活18年的家。那天,她在火车站附近来来回回走了3个小时,后来钻到火车底下,爬进了装满桔子的货车车厢。8小时后,她来到了繁华的大上海。为了生计,第二天,她便在天蟾舞台门口卖起茶叶蛋。那年,她做了4个月的茶叶蛋生意,赚了600多元钱。

不久,她意识到:靠小本生意,起早摸黑地干是成不了大气候的,要赚大钱就得去闯大市场。

1989年,当水泥行业看好时,美凤便想起一位在上海认识的江西分宜水泥厂厂长。当时,她兜里揣着250元人民币,坐上了去南昌的火车。

车到南昌,她又星夜赶到分宜。到达时已是凌晨1点钟,她找了一家小客店住下。

第二天一大早,她便去找陈厂长。听美凤说明来意后,陈厂长爽快地答应帮忙,但发货要现钱。天哪!美凤当时哪来钱付款?她对陈厂长认真地说:"这样吧,把我押上,你发货。货一到我便叫对方把钱汇来,如钱不到位,就把我卖了,卖的钱还你们!"

"好啊!你敢把自己也押了!"陈厂长惊得差点叫起来。

不到半月,水泥贷款如数汇到,分宜水泥厂对美凤有了信任度。从此,她的水泥生意也做大了。一次,接了一个专列21个车皮,宁波13个,上海8个。

然而,美凤没有陶醉。她清醒地意识到:做生意要适应瞬息万变的市场。因此,她在做水泥生意时,便把视线转向了新的目标。

1997年11月,她和我弟弟灵通在上海四平路上新开了一家宏通海鲜坊,投资960万元,有1000多个席位,供应来自宁波、象山的110种以上近海海鲜。由于她经营有方,海鲜坊夜夜爆满。

美凤以一个民营企业家的气魄,又把触角伸向其他领域,她和我弟先后在老家象山开发了占地为 350 亩的宏通果园,形成初具规模的旅游观光度假村。同时,她还在澳大利亚开办了水产公园,并引进日本先进技术,开办了进出口食品公司。

美凤深知,市场经济也是经营者自身素质的竞争。因此,尽管她每天"眼睛一睁,忙到熄灯",但还坚持参加高级干部管理中心培训,通过潜心苦学,终于获得了高级宾馆管理结业证书。她每夜坚持自学两个小时英语和电脑操作,坚持学习 MBA 工商管理课程,每每读到凌晨两点钟,乐此不疲,雷打不动。

美凤既是一个要强的人,又是心肠极好的人。生前,她已为资助 8 位贫困大中学生花去近 10 万元。

当美凤得知上海理工大学的学生小朱家境贫困,开学那天,她送小朱去报到,并当场为他交付 7000 元开学费用。同时,每月还给小朱 400 元伙食费和零用钱。听说,小朱最喜欢吃带鱼和豆瓣酱,美凤特地上菜场采购,烧好后让小朱带上。在同济大学读书的小李与奶奶相依为命,奶奶负担不起他的学费。美凤得知后,便每学期资助他 6000 元,直至大学毕业。由她资助的宁波大学学生小鲍毕业后,美凤又四处奔波为他联系落实工作。

有一次,美凤回象山老家过春节,路过健鹰针织厂门口时,见有一位 15 岁的失学姑娘在哭着求职打工。美凤了解情况后,便向女孩父母说:"我来资助女孩读完 3 年初中。"女孩全家感动得热泪盈眶。美凤还主动承担了家乡贫困生小吴的 3 年初中学习费用,并每年给 1000 元生活费。

美凤还在上海虹口分店起用了近万名下岗职工和一部分困难家庭的子女。同时向家乡捐款 8 万元作为发展农村教育的基金。

平时美凤与我们家人关系处理得很好。她对我的工作也相当支持。曾多次为我厂的发展出谋划策,并要我抓住时机,与时俱进,把眼光放得远一些,在上海开办针织分公司,作为拓展国际市场一个窗口。同时,她鼓励我打出国门在澳大利亚开办针织分公司。我厂能发展到今天这样的规模,有我弟媳的一半功劳。

现在她过早地离开了我们。我为失去这样一个好弟媳而扼腕痛惜。也为有这样的一位好弟媳而感到由衷骄傲!

如今灵通的三个孩子都在国外读书,吴寿国也从困境中走出来了,两人合作又在象山建了一家四星级宾馆,继续一起打拼的日子。

第十一章 展望篇

1.村情

做出了将旦门村建设成具有自然气息的新农村计划展望之后,吴寿国第二天就去了乡上,想找乡长商量去县财政贷上一笔款子。谁想到乡长听了吴寿国的构想之后,脸色有些阴沉,叹了口气说道:"寿国啊,这事不好说,不好说啊。"

吴寿国听乡长的口气挺冷淡,心里就有些纳闷,他这些日子忙着旦门村开山,乡里的情况就有些摸不清楚。按说吴寿国的计划,应该能引起乡长的兴趣,一般他应该兴高采烈地拉着吴寿国去找书记报告。

想到这里,吴寿国的心就沉了下来。

怎么回事?难道做错了什么?吴寿国闪过这样一个念头。

乡长看吴寿国低头不语,在那里微微摇头,便抽了口烟,缓缓地说道:

"人心,人心啊。"

吴寿国听着乡长的话,心里就明白。

这也是一种维持的手段,上面肯定不希望一个乡的一二把手和平共处,那不符合为官的平衡之道。只有两人相互斗,这才能调动彼此的积极性,在施惠于民的方针方法上不遗余力。

吴寿国幽幽地想到,如何在东陈乡的局面中找到自己的位置,才是他应该注意的。

村干部的贷款申请必须要乡班子作保,单单一个乡长成不了事,就算碍于乡长的履历,财政局那边不好拒绝,史书记也会出面挡上一挡的,这就是政治。

吴寿国琢磨了一会儿,跟乡长又说了几句家常,便告辞离开。

去财政局那边的路一旦被堵上,银行那边也不用去看了。这事不能急,必须要稳住。吴寿国抬头看了眼天空,便买了点东西,往郑忠诚家里走去。

如今,旦门村的发展是用眼睛看得到的,郑忠诚扶植的三种农作物已经在他的带领下，以户为单位种了十几亩，就看秋天的收成如何。一旦达到预期的目的，甚至只要大于如今的收成，就会马上全乡推广。郑忠诚这些日子兴致很高，没事就呆在地头，研究庄稼的走势。

这天郑忠诚倒是没有去旦门村，在乡上处理一些事情。等他回到家里之后，发现吴寿国正坐在屋里，跟妻子聊天，就开心地招呼吴寿国在这里吃饭。

吴寿国也没拒绝，他来这里就是要跟郑忠诚商量些事情的。两人坐下，郑忠诚就发了感慨，说吴寿国目光长远。

郑忠诚这话可就抬高了吴寿国。

吴寿国连口说不敢不敢，敬了郑忠诚一杯酒后就询问郑忠诚对旦门村农作物的看法。

"有可为，大有可为啊。"郑忠诚一听说起了他的老本行就双眼冒光，爽朗地笑道："根据我的预计，到了秋收，这产量最起码能上升这些。"

说着，神秘地伸出三根手指头。

"三成？"吴寿国也高兴起来，农业的事儿他是不太懂的，只是指了个大致的方向，其他的事情就由老郑来管理。老郑是拾掇庄稼的好手，这一块他玩得转。

郑忠诚哈哈大笑起来，说道："我又联系了市里，秋收之后，继续种高产作物，准备让村里全部种植，怎么样？"

吴寿国说，农业的事儿你主管，只要有信心，有科学论证，就可以拍这个板。郑忠诚很高兴，叫着让媳妇加菜。

两人酒到中途，吴寿国就试探地说道："我听说全村种植新农种，国家有补贴政策，不知道有多少扶助款？"郑忠诚瞪起了眼睛，把酒杯往桌子上一顿，指着吴寿国说道："你个寿国，我就知道你来我这里，不是什么好事。"

吴寿国不好意思的笑了笑，从刚开始的彼此两个自然村到并成一个村，从冰释前嫌再到合作无间，他和郑忠诚走过了一条曲折的道路，如今也是同一战线的战友，吴寿国就把自己的打算给郑忠诚细细地说了一遍。

别看吴寿国是一村书记，他办事还是很有分寸。不是他分管的钱，要用也尊重分管领导的意见。

"需要多少？"郑忠诚皱着眉头说道。

"至少要十万。"吴寿国说完这句话，举起酒杯就慢慢地喝着酒。他这做法是要给郑忠诚一个缓冲的时间。贫困乡，十万，也不是一个小数字。郑忠诚的脸色变得沉郁起来，看着桌子上的菜发呆。过了老半天，他才有些艰涩地说道："市里应该有十万的扶助款，但是，这可是专项专用，不能乱动的。"

吴寿国点点头，说道："违反政策的事，我们不能干。不过这扶助款是大秋的时候才发放到村民的手中的,如果现在申请下来的话……"后面的话他没有明说,这是心照不宣的。

郑忠诚矛盾地看了吴寿国一眼,如果答应了吴寿国的话,那么他跟吴寿国就彻底地绑在一起了,虽说这事不算违反规定,但是吴寿国若要是在大秋之前还不上这批款子,那么一旦有人追查下来,他郑忠诚就要去吃牢狱饭了。吴寿国知道郑忠诚的机会,他拿起筷子,蘸了一些酒在桌子写写画画,一边写一边解释给郑忠诚。郑忠诚逐渐变了脸色,按照吴寿国的路子,不出一年,旦门村的年财政收入就能达到 30 余万元,那还不算农户的收入。

"这个险,我给你冒了。"郑忠诚最终做了决定,咬着牙说道。然后端起酒杯道:"你啊,我真拿你没办法。"

吴寿国咧嘴一笑,随即认真地说道:"这都是为了老百姓。"

郑忠诚点点说道:"是啊,为了老百姓,咱们冒点险没什么,只是,到时候你可要给我补上,要不然……"

吴寿国点头:"你放心,有了你这十万扶助款,我们就可以将计划先行运作起来。"

郑忠诚见他的心头落下了一块石头。高兴之余也向吴寿国交了实底,那笔款子已经到了他的手上。吴寿国一听大喜,承诺旦门村借了这笔款子之后,大秋之后按照 10 分利归还郑忠诚,四个月,那就要多给郑忠诚四千块钱,郑忠诚就笑开了眼。

吃过饭后,郑忠诚让吴寿国坐会,他自己出去了。不多会就拿来被报纸包裹的厚厚的十万块。吴寿国看着报纸上还有一些土质,估计郑忠诚是藏在了自己的地窖里面。

谢过了郑忠诚, 吴寿国急匆匆的往家走去, 没想到财政局的路子没有走通,倒是在郑忠诚这里开了一朵暗花。

透过这个例子,足以看出吴寿国为了旦门村的发展,他是费尽心思!

这些年来,吴寿国为村里的建设没有少操心,他为了下一步新农村现代化建设可以说是殚精竭虑。吴寿国当书记后,满脑子想的就是村庄建设的宏伟大业了。"红星闪闪亮,照我去战斗,革命重担挑肩上,党的教导记心头……"这是平常他最喜欢唱的歌。

这次,他又召集村一班人制订了新农村三至五年的发展规则。

为把旦门新村建设好,他经常与乡党委交流村庄建设事宜,探讨发展致富门道,甚至在出国考察企业管理时,还独自一人溜到异国乡下,细细了解日本农业产业结构调整的过程, 认真踏看新西兰农村天然田园式民居……他把那里的好经验——带回村里。

今天他为了这十万元,他是想做两件事。

旦门村有着多年闹元宵的习俗,村里也有一些踩高跷、扭秧歌儿的老手儿。每年春节过后,离元宵节还有好几天的时间,村里就有人来找吴寿国商量闹元宵的事情。吴寿国当然答应,闹元宵是中华民族的古老传统之一,再说吴寿国本人也喜欢唱歌,他认为闹元宵有一种喜庆的气氛,不管生活中遇到什么样困难,但是在心情上要保持一种乐观的态度,全村人在一起热闹一下是完全应该,也是十分必要的。

刚过了正月初十,旦门村的锣鼓就敲响了,人们打扮得花枝招展,尽情地玩耍。调皮的孩子也缠着家长为自己绑了一副短跷,跟在大人的后面,扭着屁股踩了起来。倒是他们抢了大人的戏份儿,围观的人们不时地对这些孩子报以热烈的掌声!

吴寿国只要听到锣鼓响,就会跑出来去看,人们主动地给他让座儿,让他在最有利的位置观看。但吴寿国坐不住,不大一会儿,他就加入了表演者的行列。人们的笑声更高了,掌声更热烈了!

那年正月十四,是最后一次彩排,眼看就要正式演出了。这么些年以来,吴寿国一直要求村里的表演队在正月十五这一天,不仅要在本村演,而且要在附近的村庄巡回表演。这倒不是吴寿国有意地表现自己,更不是跟什么人叫板,吴寿国没有那么无聊。他的想法只有一点,那就是要把农村的文化生活搞得热热闹闹的,让更多的人得到快乐!他还要用那十万块钱办一个农村会所!让村民们平时也有娱乐的地方。所以,尽管刚开始的时候,有的村里的干部对吴寿国不理解,认为吴寿国是在玩家家,但是随着时间的推移,他们已经完全理解了吴寿国,特别是党的十七届六中全会一开,大家对吴寿国由衷地感到钦佩!

正月十五要出村演出,所以正月十四这天的彩排,对旦门村的人来说,几乎就等于正式演出!十四这天,早早地在旦门村的大街两旁就排满了椅子和凳子,这是人们占据有利位置的常用办法。这是旦门村的群众在多年的相处过程中形成的一种社会秩序,只要人们公认并都去自觉地执行,这种社会秩序就有着绝对的权威!

为了把这次元宵扮玩活动搞得更好,吴寿国还给乡党委打了电话,邀请乡文化站的领导来给指导一下。

乡党委对吴寿国的这种重视农村文化很赞赏,专门派人加以指导。

吴寿国对乡上来的领导表示了热烈欢迎,在村里最宽敞的位置摆了几张桌子,还准备了香烟和茶水。村里的表演队员们当然知道应该怎么去做,来到这个宽敞的地段,就用鞭炮打开了场子,把所有的表演节目从头至尾地表演了一遍。

看完表演,吴寿国把乡上的领导让进了村委会,街上锣鼓的声音渐渐地远去了。乡文化站的同志对旦门村的节目给予了充分肯定和高度赞扬,并说回去后要向乡党委打报告,为演员们统一一下服装,添置一些设备和器械,并抽出时间对演员们进行一下培训。相信,明年旦门村就可以代表东陈乡参加全县的元宵节扮玩活动哩。吴寿国听得入了迷,脸上荡漾着微笑。

他心想,这次一定要把农村会所搞得更好一些。

这是一件事。还有一件事就是那天中午,吴寿国在村里宴请了乡上来的领导。在喝酒前,乡领导把吴寿国叫到院子里,神秘地问:"吴书记,咱们村是不是有个叫××的人?"

吴寿国被问得有点儿摸不着头脑:"嗯,有这么个人,你怎么认识他?"

乡领导笑了笑说:"吴书记,你先别管我是不是认识他,我想向您打听一下他是怎么样的人?"

吴寿国更加疑惑了:"领导,你打听他干什么呢,难道他有什么事情?"

乡领导摆了摆手:"吴书记啊,您可千万别乱猜,您就告诉我他这个人怎么样就行了。"

吴寿国的脑子在飞快地旋转着,乡领导怎么会对这人感兴趣呢,难道是他惹了什么祸了?不能,这人做事牢靠着哪,他不是那种遇事冲动的人!当然了,不管这对他是好事还是坏事,我作为一村之长,一定要客观真实地向上级组织反映我的村民的情况。想到这儿,吴寿国对乡领导说:"领导啊,××这个人在我们旦门村来说是一个不可多得的人才,他的爷爷要饭来到我们旦门村,最后在我们这儿扎了根,一家人老实本分。该同志脑子灵、办法多,而且很有大局观念,我曾经想过要让他到村里来锻炼锻炼。"

乡领导满意地点了点头:"吴书记呀,怕是你没有机会锻炼他了。"

吴寿国吃惊地张大了嘴巴:"领导,你这话是什么意思,是不是这小子惹什么事儿了,如果真是那样,我愿意为他担保。"

乡领导笑了起来:"吴书记啊,我不是那个意思,实话跟您说了吧,乡里准备让他到咱们乡砖厂去当副厂长,所以我向您打听一下他的情况。您这是想哪儿去了。"

这句话更让吴寿国大吃一惊,他绝对不是对这个同志去当副厂长有嫉妒情绪,相反地,他倒很希望旦门村能够多出一些人才,能够多出一些干部。

这正是吴寿国这几年一直在考虑的大事,也是对旦门村的展望……

因为只有培养出好的农村带头人才是对今后农村最大的展望!

2.爱厂

2月初,人们还渗在春节的余韵之中,吴寿国家里,一场有趣的对话正在进行。

"小萍。你说说看。你过个年一下子赚了这么多钱。将来打算怎么花?"吴寿国亲自拉着大孙女吴健萍坐到沙发上,笑吟吟地问道。

才上三年级的孙女也不隐瞒。便说道:"爷爷,我打算先拿出大半来买些书和学习用品,还有一半将进行必要的投资。"

"投资。好好好!你小小年纪。能有这样的想法很好。很有你爸爸的风范。"吴寿国脸上的笑容更见灿烂了。转向大儿子吴崎道:"吴崎,你生了一个人人称羡地好女儿啊。他这么小就懂得投资。实属难得。"

吴崎被父亲这么一恭维,全身骨头都轻了,只故作谦虚地说道:"她那里懂得投资,说说罢了。"

二儿子吴晓琦一听,立马向大哥吴崎说:"大哥,这你可说错了,萍萍现在虽然小,长大了,说不定就是个大投资家。"

吴寿国也点头赞同:"是呵,从小就有这种思想,说不定长大了是个银行家。"他停了一会儿,喝口茶,说道:"好了,我们先别说这个。"他转过头来说:"来,咱们商量商量,今后我们的企业该怎么做?"

原来这是吴寿国一家人正在商量着下步企业的发展。

"我从一些报纸和杂志上看到,美国的互联网行业已经开始兴起,而内地想必这两年也会开始发展,所以,我想出相当一部分钱大力投资这个新兴行业……"

"不!晓琦,我对互联网也是略有了解的,也十分看好这个刚兴起的行业。不过我们是靠针织业发展起来的,这是我们的主业,一定要先把这个做好,新疆的企业要加大投资,和叔叔合资的酒店业也要加大力度。"吴崎说着。

"我们未来几年投资高科技,娱乐和饮料行业也是一个方向,但一个公司的发展到最后,都需要多元化的,我们不可能只做纺织业和农业的,其他行业还是要跟进的,比如娱乐业、饮食业,还有销售业等等。而要发展这些,就需要这方面的专业人才了,所以,哥,要留意一下,如果有这方面的人才,要先吸收进公司,等时机成熟再慢慢地发展吧。"吴寿国的弟弟吴灵通说道。

吴寿国点点头,说道:"这个我会着手去办。"

成立一个亚洲国际娱乐子公司是二媳妇提议的。二媳妇的娘家在香港,父亲也是个实业家,所以她的展望比较大胆。

可吴崎认为,要插手娱乐圈可不是一件容易的事,没有一定的后台背景,插进去只会受人排挤,所以最多只能以一种投资的方式来进行,这样就不太会受人排挤了。

弟弟吴灵通思想活跃、超前,他说,你看人家凤凰卫视,影响力都达到了一个惊人的地步。控制一家具有很大影响力的电视台,不但能够赚钱,还能控制舆论,也可以为自己的公司进行宣传,一箭三雕,何乐而不为呢。

吴寿国一直保持着冷静,看着叔侄们充满生机的讨论,他打心眼里高兴。但是他还是认为,当下,还是首先要作好本业,一是以纺织业为主,现有几家工厂要进一步提高质量和产值;二是以吴灵通为主的几家酒店要提高服务水平,特别是四季佳利大酒店,要提升服务质量扩大知名度和拓展业务范围;三是对新疆的项目要加大力度,争取有更大的效益出现。

2012年春节刚过,吴寿国就在公司大会上宣布了他的发展规划,他用洪亮的声音说道:"今年,我们第一要明确总体目标,实现跨越发展。

(一)集团公司年实现总产值17亿元,争取19亿元。销售15亿元,争取17亿元,其中:针织服装7亿元、外贸进出口7亿元、棉纺2亿、三产及其他1亿元。

(二)外贸进出口首次突破1亿美元大关,继续保持全县前三甲。进口业务实现零的突破,争取200万美元。

(三)实现利润4500万元,争取5000万元;税金2000万元,争取2500万元。

(四)积极实施集团公司"十二五"规划中"一、三、三、三"发展战略,力争企业整体实力明显增强。

(五)大力弘扬"团结、诚信、创新、卓越"的企业精神,全面提升企业执行力和优秀的文化元素。

第二要主攻转型升级,实现强势发展。这里要做几件事:

(一)做好佳诚生物公司的设备调试、产品前期试生产等工作,争取在第一季度内实现批量生产。

(二)落实机电一体化项目及相关事宜。抓紧推进土地供给、厂房设计、工程开工、设备预购等工作,为2013年全面投产做好前期工作。

(三)调整新疆纺织产业的发展方向,进一步寻求、探索新疆企业发展新平台、新空间,科学编制新疆产业发展新规划,促进企业转型升级。

(四)积极寻求企业发展新途径,认真做好资本运作文章,进一步完善投资项目的监管手段。推进四季佳利酒店管理规范化，效益最大化；在完成海达基金投资的基础上，争取组建小额贷款公司；并注重一汽奥迪4S店的实质性推进。

（五）适时推进新疆棉纺二期项目进度，促使项目建设科学合理，更好发挥投资效益、社会效益、政策效益。

第三要做强服装主业，实现持续发展。这里也要紧紧抓牢：

（一）做好新疆现有纺织生产管理的规范化、现代化，实现产量和质量的有效保障，着手8万锭棉纺生产流水线全面投产的实施方案，促进棉纺生产再上新台阶。

（二）全面巩固和实施ISO9001质量管理体系认证、6S活动和精细化管理，继续推进欧美产品的出口资格审验、社会责任审验及其他认证工作，提升服装产品的出口竞争力。

（三）在实施以旦门为重点，定塘、板岭为基地格局的同时，着力推进丹城工业园区的服装生产向预定目标突破，以优良的客户和品牌为依托，实现服装主业的真正升级。

（四）加大市场拓展力度，积极利用各种交易会、展销会和网络信息平台，充分发挥公司驻外机构作用，培植优良客户，努力做大做强服装出口主业。"

一阵早春的风吹过吴寿国的脸颊，他端起茶杯喝了一口水，接着强调第四点，就是要强化机制管理，实现协调发展。

"（一）切实加强企业管理工作。创新管理机制，转变管理理念。以"明确工作目标，细化职责任务"为重点，全面推进各种形式的责任制考核，促进企业管理与企业发展相适应。

（二）充分发挥企业优势，整合企业资源，规范管理模式，切实做好资金、土地、房产、设备、专利、品牌、商标、物流等资源的集约利用，努力推进集团公司向现代管理型、资本运作型方向迈进。

（三）加强财务监督，严格财务审计，创新财务管理，确保财务安全。科学运用资金平台，保障生产资金需求，提高资金利用价值，降低资金成本支出。

（四）重视网络平台和信息搭建利用工作，畅通信息渠道，用足用好用活国家及地方政府的各类扶持、优惠、奖励政策，最大限度地争取国家产业支持项目。"

最后吴寿国说，除了上面讲的之外，我们也要弘扬人文理念，实现稳健发展。他仿佛是个战略家一样，从理论上进一步鼓励了全体员工。一是要贯彻落实集团公司新一轮五年发展规划，理清工作思路，开阔发展视野，制订实施方案，形成奋斗合力,确保目标任务圆满完成。二是实施人才培育战略。切实加强各类人才的招纳、培训、培养工作,制订新的人才扶持、奖励和管理政策,加大人才工程资金投入力度,确保企业发展的要素保障,提升企业发展的核心竞争力。三是要坚持不懈地搞好企业文化工作。弘扬企业精神,传承优良品德,加强党组织和工青妇工作。大力发展各项健康活泼的职工文化活动,大力宣传各类优秀、突出的好人好事。重点办好党员爱心、结对扶困,职工书屋、文艺团队、技能比赛、文化艺术节、职工运动会等组织和活动,使企业文化转化为推动企业发展的原动力。四是要做好人力资源和劳动保障工作,实施"关爱员工"工程,保护职工合法权益,实现企业和谐发展。五是要加大投入力度,不断改善员工生产生活环境,加强安全生产教育和管理,确保全年安全生产无事故,大力倡导节能减排、降耗节支、勤俭节约的新风尚。六是要全面提升道德素养和工作执行力。通过各种形式和途径,强化学习,轮流培训,促使各线各级人员知事达礼、尊重上级、融合同级、关爱下级,怀感恩之心创双赢业绩,不折不扣做好每一件事。

早春的风吹拂着尚未吐绿的村野,但吴寿国的家里对将来的远景展望已经春意盎然。他们不仅仅在务虚,也是这样在做的。

开年没多久,据吴灵通的消息,他知道有一个项目很好,很想去试试。

一个简单的会议随着吴寿国布置,让吴灵通尘埃落定。吴崎和晓琦他们都回到自己的工作岗位去了,只有吴寿国和吴灵通两兄弟还呆在小会议室里,并不是他们两人不想走,而是他们还要拿出更核心的方案。

"阿通这个项目可靠吗?"吴寿国试探性地问道。

在未来的市场,这一领域可是大赚特赚,随着深圳那边这种项目的启动,这么大的商机我们怎么能放弃呢?! 现在的问题是找到一家投资公司。

"这方面的人倒是有。"吴寿国经过了深思熟虑,很自信地说道。

"噢,太好了,我们赶紧联系。"吴灵通说道。

"那好,你联系项目方,我联系投资方。"吴寿国想了想说道。

"好,明天我们就开始行动起来。"吴灵通说道。

过了些日子,吴寿国便打电话给在广州的投资方老板,让她帮忙支持下。

投资方老板之前与吴寿国曾有合作,这样的小事,投资方老板当然不会拒绝,也没问具体原因就答应了下来。

出发去广州之前,投资方老板就已经电话联系了吴寿国,在电话里面,她把自己想要投资的时间都告诉了吴寿国……虽然吴寿国不知道投资方老板能够为该项目注入多少资金,需要什么条件,不过,他还是表示欢迎投资方老板的到访,他也希望该项目得到投资。

那天，投资方老板来了，吴寿国内心很惊喜，不过他并没有把这个一切表露在脸上，面带平淡的微笑与投资方老板握手。

自我介绍之后，寒暄了几句，吴寿国请投资方老板坐下，并让员工泡上了两杯热茶。

"吴先生，我这人不喜欢拐弯抹角，实话说吧，我对这个项目很感兴趣，觉得你的公司未来应该有不错的发展前景，我希望能够投资这个项……这事情，之前，我在电话里和您说了，您考虑的怎么样呢？"投资方老板面带微笑问道。

吴寿国沉默片刻，盯着投资方老板看了几眼，问道："刘女士，您准备向该项目投资多少钱？"

"这主要看吴先生对这个项目的估值多少，以及愿意出让多少股份。"投资方老板把皮球踢给了吴寿国。

作过投资合作的人都很清楚，企业创始之初，风险投资公司不会要求控股的，创始人也不会为了眼前的利益而出让控股权，只有等到项目发展到一定规模了，公司的控股权才有可能转移到投资方。吴寿国打算让投资方老板取得控股权，只要能够取得一定的股权，以及确保将来其他风险投资商入股时，此次投资就能够获得最大的回报率。

吴寿国没有马上接投资方老板的话茬，端起茶杯喝了一口茶，之前，他也想过对方会这样问，微笑道："刘女士，虽然这项目不错，不过现在尚不缺钱。"

投资方老板笑了笑，说道："如果资金更充裕的话，那项目的发展速度会更快一些，这样可以远远领先于其他同类企业。还请吴先生能够仔细考虑一下，我入股该项目对吴先生而言，好处远远大于坏处。就算将来我能够入股该项目，我也不会参与管理，只希望自己的投资能够获得不错的回报。"

吴寿国现在很缺钱，他心里明白创建这一项目，初期发展需要烧掉大量的资金，两天前，他接到投资方老板打来的电话，特别的兴奋，同时，他不知道该如何出让越少的股份得到越多的资金；当然，他也清楚，如果自己狮子大开口的话，会吓跑准备投资的人，毕竟国内的风险投资没有美国多。

"刘女士，你愿意投资该项目，也是看好未来的前景，我也很看好，如果你愿意入股的话，那么这个项目的估值将超过二千万元，出让的股份也不会超过百分之二十。"

吴寿国觉得自己说出的条件已经很苛刻了，毕竟，现在的实际资产不多，而且……事实上，投资方老板完全能够接受他这样的条件，之前，吴寿国和投资方老板说过，愿意拿出 3000 万元收购该项目 80% 的股份。

"吴先生，不知你有没有听过投资有风险这句话？"投资方老板还未等对方回答,继续说道:"如果这个项目好,我想我的投资肯定能够获得不错的回报;如果当中操作不利,那么我的这笔风险投资可能就血本无归。"

投资方老板喝了一口茶,润润嗓子后,继续说道:"我希望向贵公司投入3000万元人民币,得到贵公司80%的股份。不过,我也有几个条件,(略)……我可不希望看到自己的投资打水漂了。如果吴先生能够接受我的条件,我们就可以马上签合约了。"

吴寿国闻言愣了半晌,他没有想到这么容易就能够得到3000万元风险投资,如果他接受这个条件的话,这意味着……,他深吸了一口气,问道:"刘女士,你不想看看公司账目,以及详细了解一些公司的其他情况吗?"

"不需要。吴先生,我希望您能够仔细考虑一下我提出的条件。"

"我接受!"吴寿国脸上流露出一丝兴奋的笑容,站了起来,伸出自己右手。

投资方老板也站了起来,笑着和吴寿国握手:"希望我们能够合作愉快。"

当天下午,投资方老板和吴寿国签订了投资入股等相关合同,次日上午,钱就到位了。

我们很详细地描写了吴寿国为发展公司的经过,其实是在向读者呈现出该公司的一个展望,昭示着吴寿国团队这只雄鹰在蓝天白云下翱翔的情景。

3.家梦

吴寿国对家庭有展望吗?有!他的家庭是一个和谐的家庭,一个与国际接轨的家庭。对这样的家庭,他感到满足,感到幸福!

熟练地骑着车在人流中滑行,吴晓琦感受着人流中带来的淡淡香气。

这是无数女性身上香皂和洗发膏混合着体味带来的一种特殊味道,只有在纺织厂这种充斥着大量年轻未婚女性的单位,你才能够享受这种奇异的感觉,吴晓琦能够察觉到众多女性投射过来的目光,惊讶、诧异,更多的是一种好奇。

毕竟在厂区里骑自行车的人并不多,整个厂区就像是一个自给自足的封闭圈子,除了来菜市场卖菜的附近菜农们,几乎所有人都是大家知根知底的,即便是新招进来的女工们,不过一年半载也就建立起自己的朋友圈子了。

而吴晓琦的形象显然不太像附近菜农子弟,而厂子弟则似乎没有他这个已经脱离这个圈子许多年的外来者了。因为他毕竟从英国读书刚回来。

初夏的女孩子们充分的在空气中展现出她们优美的身材曲线,女工们绝大多数都是未婚姑娘们或者刚刚结婚的少妇们，或 T 恤，或短袖衬衣，或连衣裙，赤橙黄绿青蓝紫黑白，缤纷的色彩在下班这一刻得到了充分释放，窈窕生姿，也让吴晓琦好生回味了一番数年前的感觉。

有些陈旧的棕色木门，带着油腻的厨房窗户中仍然还在飘着几丝油烟，原来的蜂窝煤前年已经改成了天然气，这让厂里的所有家庭主妇们都对吴寿国赞不绝口，恍惚间吴晓琦一直冲到门前才惊醒过来，猛的一捏自行车手刹车，狠狠地刹停在门槛前。

"妈！爸！我回来了。"一踏进门，扑鼻而来的熟悉气息就让吴晓琦一阵说不出的温暖，灶上的锅里正炖着猪蹄，那诱人的香气让吴晓琦忍不住吞了一口唾沫，铁锅里正在炒木耳肉片，那也是吴晓琦最喜欢的。

"晓琦回来了啊？"父亲的背也有些略弯了，工作几十年，攒下了这一大摊子事业，椎间盘作了手术，吴晓琦也有些感伤。

"晓琦，怎么这会儿才回来？还以为你中午就要回来呢，工作很忙么？"母亲朱玲妹的面容永远都是那么慈祥，吴晓琦似乎第一次感受到回家的温暖，以前来去匆匆的回家，很少有这样的感触，父亲母亲似乎更多的一个模糊的印象存在。

"嗯，妈，我打算回来帮忙父亲操持企业了。"吴晓琦点点头，放下手中的提包。

"我听你叔说了，今天是周末，我和你爸也估计今天会回来。"母亲的话永远是最体贴的，半句都没有问自己为什么要从香港回来，这让吴晓琦心中也是一暖。

"晓琦，香港好好的，为什么要回来？"母亲怜悯地问。因为从她的内心里，朱玲妹一直反对小儿子到公司工作，她实在不想儿子也走丈夫这条路，太劳累了。针织业利润微薄，靠一针一线能出多少利润。不想让孩子子承父业。宁可就职别人的企业，小儿子找了香港媳妇，也可以留在香港有一番作为。

"没啥，是我愿意的。"吴晓琦不想接这个话茬。但是面对母亲关怀的眼神，他又不好不回答。

似乎是对儿子的回答有些不满意。但是看出自己儿子似乎不想在这个问题上多说。母亲也只有叹了一口气不再多言。儿子已经长大了，在某种程度上来说，应该有自己的思想。

"弟弟，你回来了？你啥时候回来的？"一个带着强烈汗味的身影闯了进来，手中的篮球还在手上灵活地转动，看见晓琦立即惊喜得大叫起来。

"嗯，刚到家。你又去打篮球去了？"吴晓琦顺手夺下对方的篮球，在地面上拍了两下又丢回给对方。"赢了,还是输了?"

"呵呵,咱啥时候输过?"来人是吴晓琦的大哥吴崎。一米七五的个子,一百七十多斤的块头,胸肌腹肌如同练过健美一样成板块状,深蓝色的运动短裤也有些发白,脚下的运动鞋还是自己买的。

家庭的温暖,让吴晓琦在海外奔波的生活感到幸福!当一家人都坐到饭桌前时,朱玲妹随口问道:"泯秀,怎么 Ameet 没来?不是让你叫他来么?"

吴泯秀瞥了吴晓琦一眼,脸顿时红了,"他有事儿,公司里还要加班。"

吴晓琦愣了一下,再看看另外的家人有些诡秘的神色,立即就明白了过来,"哦,妹妹也有对象了?还是个外国人?"

"没,没,还没确定呢。"吴泯秀一下子红了脸庞,连忙分辨道。

"瞧 Ameet 这小子,没出息,连我这哥都不敢来见,还想娶你?我早就说了,要想进吴家门,首先得过我哥这一关,如果我哥都看不上,那他趁早死了这条心。"老大吴崎脸上露出不屑之色,显然是对自己小妹的对象不太满意。

"你!"吴泯秀脸上闪过一丝怒意,大哥对 Ameet 这个印度人不满意她早就知道,可这是自己找对象,又不是家里人找对象,吴崎这样公开的用轻蔑语气谈论自己对象,尤其是在二哥第一次知晓的时候,当然让她很是生气。

看见小妹脸涨得通红,眼眶中隐隐有泪光,吴晓琦赶紧怒叱吴崎,这个家伙嘴巴从来都是臭不可闻,读书时代,自己几兄弟不知道因为他这张嘴,打过多少次无谓的架。

重重地哼了一声,吴崎不再多说,只顾埋头吃饭。

怎么说吴崎呢?学校毕业后,就到上海阿叔的酒店工作,整日里如一匹野马在外边晃荡,倒不错,在上海找了个同乡媳妇,现在自己经营着一家厂,业绩也不错。

一顿饭就因为吴崎的两句话,弄得兴致大减,吴晓琦也意识到自己久不回家,没想到原来一直和和睦睦的自己家也会出状况,吴晓琦也有些头疼。

其实这很正常,孩子之间小吵小闹的

吴寿国与家人在一起

没关系。吴寿国深知这一点，现在孩子都大了，自己有自己的家，而且都很幸福，吴寿国心里还是很开心的。

他想得较多的还是家庭今后如何展望。

吴晓琦回来后，2008年外贸出口2000多万美金，2009年到4000多万，2010年到了8000万美金，比往年翻番。而且每天能够有孩子在身边，一起努力也是很大的安慰。外贸出口能够每年翻番，很大程度上得益于岳父在香港的关系，再加上努力和诚信，业务也越做越大，2009年和2010年连续两年被评为象山县十大供销员。下步他将担起父亲的重任，让老大协助他，把父亲的公司整治好。

女儿吴泯秀和女婿Ameet经营外贸，争取来年有更大的业绩。

想到这些，吴寿国这才悠悠地回到自己的房间里。

本来就不善酒的吴寿国，今天喝了两杯。走进屋里，已有些站立不稳了。

玲妹看寿国已经喝得有了些醉意，就用眼神示意儿子晓琦把摆上桌的酒撤下去，但是已经晚了，寿国已经把酒壶拿了过去。儿子只好为自己和爸爸倒满酒。

吴寿国指挥晓琦还要拿个杯子来，晓琦莫名其妙地把杯子拿来，吴寿国让把酒倒满，然后亲自把酒杯端到了老伴儿面前。

玲妹有点儿惊慌失措："哎呀，你这是怎么了，喝醉了不是？我哪儿喝过酒啊。"

吴寿国长吁了一口气："老婆子，别谦虚了，这个家全亏了你呀，你是咱们家的功臣，今天，我一定要敬功臣一杯。"

晓琦妈有些不好意思了，连连摆着手说："你喝醉了，你真的喝醉了，在孩子们面前，你干什么呀？"

晓琦的妻子黎志珊站起来要往外走，被吴寿国叫住了："志珊，别走，你坐下。我没喝醉，我说的全是实话。我整天不着家，对家里的事情根本帮不上什么忙，咱这个家多亏了你妈啊。另外，就说咱村里的事儿，外人说你爸我做了一些该做的事儿，实际上呢，要是你妈不支持我，我能干成什么啊？所以说，你妈是咱家的大功臣，也是咱旦门村的大功臣！"

香港的儿媳妇黎志珊点了点头："是，爸，我看出来了。"

吴寿国仍然在发表他的演讲："志珊啊，这说明了什么呢，古话说的好啊，叫家和万事兴。爸爸老了，我知道你们肯定会干得比我好，但是，孩子，一定要记住，不管干什么，家庭和睦是第一位的。"

黎志珊自从进了吴寿国的家门，没见过吴寿国喝醉，但更没有听过公公说这么具有哲理的话。

黎志珊从小长在香港,对吴寿国的生活方式和处世态度有些无法认同,但是,他们不能也不会跟公公去争论。因为他们清楚"代沟"是客观存在,不管你是否承认,你永远无法改变这个现实。所以,黎志珊在公公面前表现得是毕恭毕敬,当然在他们的心里对吴寿国也是很尊重的。但是,不能说他们跟吴寿国的想法是一致的,甚至可以说,他们的想法根本不可能取得一致。他们看问题的角度和分析问题的方法完全不同,自然不会得出相同的结论。

但是今天,黎志珊感觉到,自己跟爸爸的代沟根本就没有那么深,爸爸分析问题的思路有许多是值得她虚心学习的。就像今天公公说的这些,虽然都是酒后之言,但是深含着哲理,"家和万事兴",多么朴实的道理,但绝对是至理名言! 有许多的人叱咤风云了一辈子,但不一定能够明白这个浅显的道理! 这就是吴寿国的家庭展望!

日子就这样一天天地过去了,吴寿国一家人,朝朝暮暮,过得喜气洋洋。

阳春三月。大地的春天无与伦比,五颜六色的野花,一朵,一丛,一株,两株,点缀在田间地头,河畔池边;到处是油汪汪的绿。喜鹊、灰喜鹊以及各种有名的、无名的鸟,整天在田野上、村子里飞来飞去,鸣叫不息。沉寂了一个冬季的大海,海上的行船多了起来,不时地,滑过白色的或棕色的帆。号子声、狗叫声以及采桑女孩的欢笑声,不时地响起,使三月变得十分热闹。大地流淌着浓浓的生机。

这种生机映衬着吴寿国一家的发奋与协调,展望与开拓!

4.期冀

今年卖桔子的收入,是村人做梦也没有想到的。

麦收刚刚完成,桔款便分期分批地收拢回来。每家每户都有一笔从未见过的钱款,少则三五百块,多则千把儿元,最多的人家竟有一千多块,被大人孩子们轮流抢夺着,沾着舌尖上的唾液仔细地数了无数遍,越数越想数,越数越放不下。一些原本硬扎扎的崭新票子,被大小的指尖捏着捻来捻去,变得绵软了许多,边上还泛起了毛茬儿。有的人家还为手中厚厚一摞票子发愁,不知掖进哪里才算心安神稳。于是,藏掖票子的方法五花八门,有挂到屋笆上的,有塞进屋角墙缝里的,有埋进粮囤里的。还有的干脆把票子缝进枕头里,夜夜枕着票

和京城雷锋孙茂芳探讨理想实践

子睡觉，说这样睡着心里才踏实呢。

在桔子收入丰厚的同时，地里的麦子也取得了大丰收。去年担进地里的屎尿今年开始发挥了作用，今年又雨水调和，想风来风，要雨得雨，小麦粒大籽成，比去年又多收成了不少。更为重要的是，学校今年取得了自建校以来从未有过的成绩，有好几个娃崽儿考上了县中学。

其实，这就是吴寿国的个人展望！也是他今后的心思！

他常说，我创业为了什么？百年之后能给后人留下什么？社会对我认可了什么？不是说有了钱就有了一切。很多东西不是钱能买来的，比如社会的公信力。人的一种向心力。吴总身上能够折射出传统美德的继承，市场经济条件下，人很浮躁，诚信也好，美德也好，在流失。

吴总为社会在贡献是自然的，默默无闻的，长期的，很朴素的感情。这几年企业发展很快，从旦门一家很小的企业，发展到县里的骨干企业。

他对这块土地有很深的感情。"厚德载物"确实代表了他的做人原则。

本来他有很多机会可以走出旦门，在宁波有更大的发展空间，发展更快。但他还是对本土的牵挂。对家乡感情特别深。"为什么我的眼里常含泪水，因为我对这土地爱得深沉。"

他无论走到哪里，凤凰山顶上那一大块平坦肥沃的土地，同样疯长着半人深的荒草。地块的中间有一眼儿山泉，泉水清澈见底，并有几只瘦小的青蛙在水中漫游。山泉的不远处伫立着一截有两人多高的黑黝黝的山楂树，树身旁，一丛新枝条从树下抽出，苗壮地生长着。当阳光照着这山水间，吴寿国都会感到兴奋。

就像那天，吴晓琦拉着黎志珊的手，也登上了这座小山。远处的大海已经没有了夏季的汹涌咆哮，文静得像一位淑女，在阳光的照耀下，泛出害羞般的红晕。

黎志珊跟在晓琦身后，把自己的小手放在他宽厚的手掌里。"想什么呢？"

晓琦回过头看着自己新婚的妻子问。

"也没想什么,我觉得爸爸说的话很有道理。"

黎志珊抬起头看着慢慢西斜的太阳,像是在回答晓琦,又像是在自言自语。

"什么话让你觉得有道理?"晓琦没有听明白。

"就是那句厚德载物啊。"黎志珊抿了一下嘴唇,一张漂亮的脸显得更有个性。

吴寿国对厚德载物的理解是:最高层次是"以德治国",现在很多人都做不到。我当村书记,企业老板,权也有,钱也有,从来没有想过权是为己所用的,资助人家也从没想到人家回报。觉得有能力资助别人很开心事。把工厂办到家门口,对社会的稳定,对修养的提高,文明程度的提升,能让村民们赚到一点钱,不在家吵架,搓麻将,我就高兴了。

吴晓琦这才听明白:"珊,原来你在说这个啊!"

黎志珊白了他一眼:"别装了,以后我们得多向老爸学学,我在想以后咱们不管干什么事情,都要心往一处想,劲儿往一处使才行。"

"那还用说吗。"晓琦笑了起来,他早就把前几天跟黎志珊因为怎么创业的问题发生的争执忘记了。两口子的事儿怎么能往心里盛呢,何况那只是理论上的探讨。

但吴寿国并不是在探讨,而是实实在在做事情,实践他的诚信。他说,现在我的企业不是很大,但人品一定要高。现在仇富心理越来越严重,让人敬重的富人,实在不多。中国没有贵族文化,在西方,贵族也是受人敬重的。但在我国往往是富而不贵。我只是身体力行,用微薄的力量回馈社会,带动一批富人帮助社会。如果我这样做,能给现在的富人一个昭示,一个反思,或者对照,我就满足了。

吴总最爱唱的一首歌是《在那桃花盛开的地方》,他唱出了对故乡的深情,对立德的践行……

附　　录

象山佳利集团公司企业荣誉

1993 年至 2006 年	象山县重点骨干企业
	被评为宁波市"重合同守信用"单位
2001 年	荣获象山县先进基层党组织
	评定为象山非公有制企业团建示范点
2002 年	荣获全国外商投资企业"双优"奖
	获宁波市先进职工之家
2002 年至 2007 年	连续被评为象山县实力型工业企业
2003 年	象山县外贸出口明星企业
	被评为宁波市基层工会示范单位
	中国针织行业五十强
2004 年 3 月	2003 年度象山县外贸出口明星企业
2005 年	宁波市先进基层工会
2005 年 2 月	2005 年度农村劳动力培训转移先进单位
2005 年至 2009 年	连续被评为 AAA 级对外贸易诚信企业
2007 年 2 月	2006 年度被评为宁波市村企结对共建社会主义新农村先进单位
2007 年	被评为中国行业企业百强
2007 年 12 月	对外贸易诚信企业 AAA 级
2008 年 1 月	被评为象山县企业文化建设示范点
2008 年 7 月	被评为 AA 级资信等级企业
2008 年	宁波进出口诚信企业
2009 年 2 月至 2012 年 2 月	企业信用评价 AAA 级信用企业
2009 年 4 月	被评为宁波市和谐企业创建先进单位
2009 年 6 月	被评为"中小企业资信等级为 AA 级"

2009 年 6 月	被评为"中小企业资信等级为 AA 级"
2010 年 1 月	被评为"安全生产规范化县级企业"
2010 年 2 月	2009 年度象山县强势型培育工业企业
2010 年 5 月	荣获 2009 年度象山县"安康杯"竞赛优胜企业
2010 年 7 月	宁波市百强企业第六十七位
2011 年 2 月	浙江省和谐企业创建先进单位
2011 年 2 月	宁波市和谐企业创建先进单位
2011 年 2 月	象山县 2011 年度工业强制势型企业
2011 年 2 月	象山县外贸出口明星企业
2011 年 2 月	象山县自主品牌出口优胜企业　　JEAGE
2011 年 4 月	象山县人口和计划生育基层群众自治"示范企业"
	2009 年度、2010 年度连续被评为宁波市创业创新
	"成长之星"企业
2011 年 6 月	被授予省级模范职工之家
2011 年 11 月	被授予"十一五"象山县残疾人工作先进集体
2011 年 11 月	荣获"2011 中国最佳管理企业"
2010 年至 2011 年	连续为纳税二十强(铜奖)
2012 年 2 月	被命名为宁波市"工人先锋号"
2009 年至 2012 年	年度连续被评为象山县外贸出口明星企业
2010 年、2011 年、2012 年	宁波市制造百强企业(60 位)全国针织行业 50 强企业

吴寿国个人荣誉

主要兼职及荣誉：

象山县十二、十三、十四、十五、十六、十七届人大代表

宁波市第十一、十二届党代表

象山县工商联副会长

象山县企业家协会副会长

2004—2006年度宁波市劳动模范

首届宁波市优秀中国特色社会主义事业建设者

首届象山县十大优秀青年企业家

宁波市优秀党员（3次）

象山县优秀党员（10次）

象山县"十大"惠民好书记

象山县优秀农村支部书记

象山县优秀厂长（经理）

象山县慈善事业突出贡献奖

宁波市第九届优秀企业家（2010年7月）

被评为2010年度新农村建设工作先进个人（2011年4月）

被授予象山县"学习型共产党员"荣誉称号（2011年6月）

宁波市企业文化研究会常务副会长

宁波市甬商研究会副会长

象山县旦门村党支部书记

象山县新农村建设研究会会长